Gesamtkurs
Latein

Ausgabe **C**

Training 3

C.C. BUCHNER

Campus

Gesamtkurs Latein. Ausgabe C

Herausgegeben von Christian Zitzl, Clement Utz, Andrea Kammerer und Reinhard Heydenreich

Training 3 wurde bearbeitet von Johanna Butz, Johannes Fuchs, Elisabeth Kattler, Christl Lobe und Anne Uhl.

Über weiteres fakultatives Begleitmaterial informiert Sie
C.C. Buchner Verlag   Postfach 1269   D 96003 Bamberg
www.ccbuchner.de   service@ccbuchner.de

2. Auflage, 3. Druck 2017
Alle Drucke dieser Auflage sind, weil unverändert, nebeneinander benutzbar.

© 2010 C.C. Buchner Verlag, Bamberg
Das Werk und seine Teile sind urheberrechtlich geschützt. Jede Nutzung in anderen als den gesetzlich zugelassenen Fällen bedarf der vorherigen schriftlichen Einwilligung des Verlages. Das gilt insbesondere auch für Vervielfältigungen, Übersetzungen und Mikroverfilmungen. Hinweis zu § 52 a UrhG:
Weder das Werk noch seine Teile dürfen ohne eine solche Einwilligung eingescannt und in ein Netzwerk eingestellt werden. Dies gilt auch für Intranets von Schulen und sonstigen Bildungseinrichtungen.

Lektorat: Bernd Weber
Satz und Gestaltung: tiff.any GmbH, Berlin
Illustrationen: tiff.any GmbH / Heimo Brandt, Berlin
Umschlaggestaltung: creo Druck & Medienservice GmbH, Bamberg / Ines Müller, Bamberg
Druck und Bindung: creo Druck & Medienservice GmbH, Bamberg

www.ccbuchner.de

ISBN 978-3-7661-7863-3

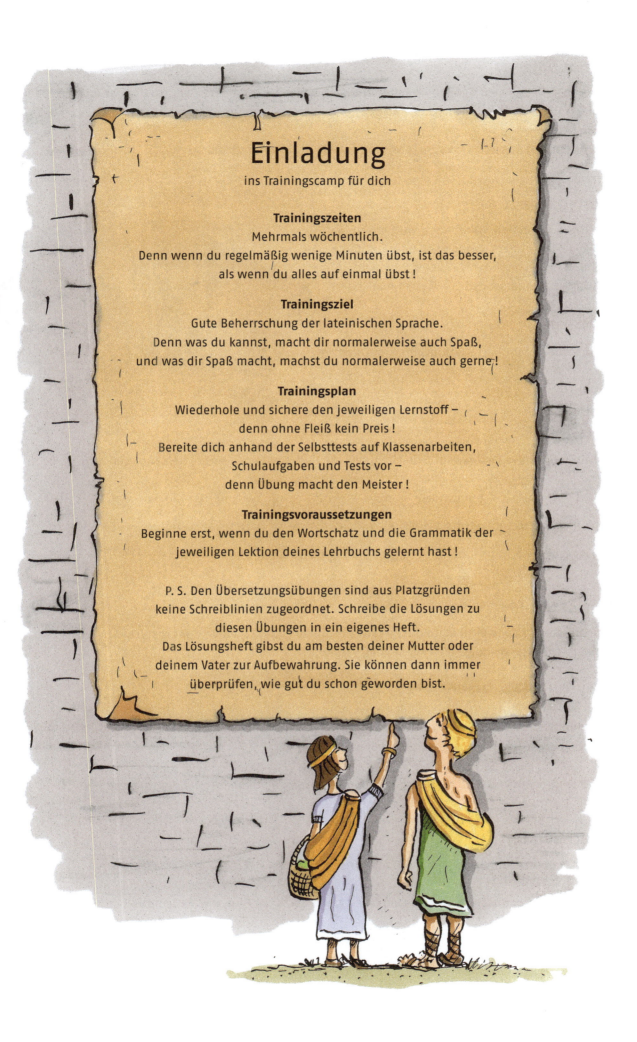

Einladung

ins Trainingscamp für dich

Trainingszeiten
Mehrmals wöchentlich.
Denn wenn du regelmäßig wenige Minuten übst, ist das besser,
als wenn du alles auf einmal übst!

Trainingsziel
Gute Beherrschung der lateinischen Sprache.
Denn was du kannst, macht dir normalerweise auch Spaß,
und was dir Spaß macht, machst du normalerweise auch gerne!

Trainingsplan
Wiederhole und sichere den jeweiligen Lernstoff –
denn ohne Fleiß kein Preis!
Bereite dich anhand der Selbsttests auf Klassenarbeiten,
Schulaufgaben und Tests vor –
denn Übung macht den Meister!

Trainingsvoraussetzungen
Beginne erst, wenn du den Wortschatz und die Grammatik der
jeweiligen Lektion deines Lehrbuchs gelernt hast!

P. S. Den Übersetzungsübungen sind aus Platzgründen
keine Schreiblinien zugeordnet. Schreibe die Lösungen zu
diesen Übungen in ein eigenes Heft.
Das Lösungsheft gibst du am besten deiner Mutter oder
deinem Vater zur Aufbewahrung. Sie können dann immer
überprüfen, wie gut du schon geworden bist.

77 Wortschatz

1 Wortkundig

Die Suffixe (Nachsilben) **-ia** und **-itia** bezeichnen bei Substantiven eine Eigenschaft oder einen Zustand. Nenne jeweils das zugrunde liegende Adjektiv und übersetze dann das Substantiv.

a) sapientia **b)** miseria **c)** potentia **d)** tristitia **e)** stultitia **f)** saevitia **g)** malitia **h)** superbia

2 Wort-Quartett

Unter den folgenden Wortformen sind jeweils vier Adjektive, Adverbien, Pronomina und Substantive versteckt. Bilde aus ihnen Quartette, indem du sie in den Farben der passenden Spielkarten markierst.

immo – marito – honesto – istis – hodie – die – imprimis – fabulam – quondam – quodam – forte – cupidam – civis – acris – aliquo – ille

3 us ≠ us

Welche Substantive gehören zur u-Deklination? Markiere sie und übersetze sie dann mündlich.

motus – dominus – magistratus – casus – ventus – equus – metus – locus – vultus – gladius – cursus – senatus – iuventus – domus – portus – impetus – luctus – exercitus – vulnus – gemitus – conspectus – populus – manus – annus – servitus – cultus

4 Mutter Latein

a) Spanisch: Gib an, welches lateinische Wort sich in dem spanischen Verb *saber* versteckt. Übersetze dann die folgenden spanischen Verbformen:

sabemos – sabes – sabéis

b) Italienisch: Finde mit deinen (Latein-)Kenntnissen heraus, weswegen (ital. *di* ~ wegen) laut italienischer Verfassung niemand ausgegrenzt werden darf:

„*Di opinioni politiche, di condizioni personali e sociali, di lingua, di religione, di razza (!).*"

5 Sprachkundig

Übersetze und erkläre die folgenden Sprichwörter.

a) Aliquid semper haeret! (... sagte ein Mann warnend zu der Frau, die Gerüchte verbreitete.)

b) Amicus certus in re incerta cernitur! (... sagte ein Reicher, als er all seinen Besitz verloren hatte.)

Thales und seine Schüler

6

Nicht alle Schüler des Thales sind wissbegierig. Setze die Substantive in den richtigen Kasus und übersetze.

Nonnulli discipuli cupidi sunt … a) aes ....

b) munera .... c) somnus ....

d) equi .... e) pecunia ....

–oris oder –eris?

7

a) Ordne die folgenden Substantive zunächst richtig zu Gruppen.
b) Lasse sie dann um die Sonne kreisen.

tempus – vulnus – pectus
genus – sidus – corpus
scelus – litus – facinus – munus

Beispiel: sidus → Dat. → Pl. → Gen. → Sg. → Akk. → Abl. → Pl. → Nom.

Formsache

8

Bestimme die Formen nach KNG und unterstreiche jeweils das zugehörige Pronomen.

a) casum (aliquem / aliquorum / aliquam) b) opinioni (aliquo / aliqui / alicui)
c) sideris (aliquae / aliquibus / alicuius) d) cursus (aliqui / aliquas / aliquod)

Fall für Fall

9

Setze die Ausdrücke in der Klammer in den erforderlichen Kasus und übersetze dann.

a) Narrabant de (aliquod sidus). ....

b) Audiebatis (aliquae opiniones falsae). ....

c) Sciebat nomen (aliqui vir clarus). ....

Sprachkompetenz

10

Wähle aus den drei Übersetzungen für den folgenden Satz die richtige aus und zeige die Fehler der beiden anderen Übersetzungen auf.

Temporibus antiquis homines cursum nocturnum siderum spectabant et putabant omnia a deis creata esse.

a) In früheren Zeiten betrachteten die Menschen den Lauf der nächtlichen Sterne und meinten, dass die Götter alles erschaffen haben.
b) In alten Zeiten betrachteten die Menschen den nächtlichen Lauf der Sterne und glaubten, dass alles von den Göttern erschaffen worden sei.
c) In allen Zeiten betrachteten die Menschen nachts die Gestirne und glaubten, dass alle Götter diese erschaffen haben.

11 Kein Lehrer zum Anfassen

Philosophi[1] veteres quaerebant unam materiam[2], e qua omnia constarent. Unus ex iis, qui imprimis cupidus scientiae[3] erat, nomine Pythagoras, eam materiam numerum esse putabat.

Cum iuvenis apud sacerdotes in Aegypto[4] multa de cursu ac motu siderum didicisset, ipse magister clarus multorum iuvenum erat.

De spiritu[5] haec dicebat: „Si qui homo improbus est, spiritus eius post mortem in corpus alicuius animalis venit velut[6] equi aut tauri." Hoc audito Xenophanes philosophus ridens dixit: „Ille animalia numquam occidit timens, ne spiritus alicuius amici in eis habitet."

Idem, cum quondam ab aliquo rogatus esset: „Quis es?", respondit: „Philosophus." Discipuli autem clamabant, cum ille aliquid demonstraverat: „Ipse dixit!", quoniam nomine appellari vetuerat.

Non omnibus, sed delectis tantum hominibus eum cernere licebat; maximae autem parti populi latuit. Hoc homines adduxit, ut miram opinionem de eo haberent. Dicebant enim vultum eius gravem, corpus vestibus candidis[7] tectum, femur[8] aureum esse.

[1] philosophus Philosoph [2] māteria Urstoff
[3] scientia Wissen [4] Aegyptus f Ägypten
[5] spīritus, ūs m Seele [6] velut wie zum Beispiel
[7] candidus, a, um glänzend weiß
[8] femur, oris n Oberschenkel

Aufgabe 1
Markiere im lateinischen Text zunächst alle Pronomina. Übersetze dann den Text.

Aufgabe 2
Die ersten Naturphilosophen hielten das Wasser, die Luft oder das Feuer für den Urstoff aller Dinge.
a) Was nennt Pythagoras als Urstoff?
b) Wodurch unterscheidet er sich damit von den anderen Philosophen?
c) Die Menschen erzählten seltsame Dinge über Pythagoras, z. B. dass er an drei verschiedenen Orten gleichzeitig gesehen wurde. Durch welches Verhalten förderte Pythagoras diese Legendenbildungen?

Denkmal für den Philosophen und Mathematiker Pythagoras von Samos. Errichtet wurde es 1988 auf der Hafenmole von Pythagorio auf der griechischen Insel Samos.

78 Wortschatz

1. Gegensätze ziehen sich an!
Bilde aus den folgenden Adjektiven Gegensatzpaare.

brevis – minimus – crudelis – pauper – longus – divinus – turpis – facilis – stultus – humanus – felix – tristis – malus – maximus – honestus – sapiens – laetus – magnus – dives – difficilis – bonus – parvus – placidus – infelix

2. Wortkundig
Das Suffix (Die Nachsilbe) -tio / -sio bezeichnet eine Tätigkeit oder ein Ergebnis. Suche jeweils das zugrunde liegende Verbum und übersetze dann das Substantiv.

a) interrogatio .... b) mutatio ....
c) liberatio .... d) damnatio ....
e) exspectatio .... f) desperatio ....
g) narratio .... h) auctio ....
i) inventio .... j) proditio ....
k) dimissio .... l) defensio ....

3. Edle Metalle!
Nenne jeweils das den drei fett gedruckten Wörtern zugrunde liegende lateinische Wort und übersetze dieses. Die Antwort auf die Fragen ergibt sich dann fast von selbst.

a) **Aureus**: Woraus war diese römische Münze geprägt?
b) **Argentinien**: Was lockte die Seefahrer dorthin?
c) **Ferrovia**: Mit welchem Verkehrsmittel ist man damit in Italien unterwegs?

4. Mutter Latein
Fremdwörter: Dank deiner Lateinkenntnisse kannst du die Ratschläge deines Arztes befolgen. Benenne jeweils das zugrunde liegende lateinische Wort und übersetze dann die Fremdwörter.

„Mit diesem **Rezept** verordne ich dem Patienten das Medikament unter dem **Aspekt**, dass bereits die **minimale** Dosis eine **maximale** Wirkung erzielen kann. Doch Vorsicht: Ein Zuviel kann **fatale** Folgen haben."

....
....
....

5 Gut in Form!

Betrachte das Beispiel und bilde zu den folgenden Adjektiven jeweils den Komparativ und Superlativ. Übersetze dann die neu gebildeten Formen.

Beispiel: clarus → Komparativ: clarior → Superlativ: clarissimus

a) altus .... **b)** cupidus ....

c) sapiens .... **d)** brevis ....

e) tristis .... **f)** ingens ....

6 Besser in Form!

Bilde jeweils die entsprechende Form des Adjektivs im Komparativ und übersetze.

a) Cerno puellam (**pulcher**). .... **b)** Pareo regi (**potens**). ....

c) Timeo dominum (**improbus**). .... **d)** Vendo res (**utilis**). ....

e) Praesto officium (**honestus**). .... **f)** Accipio cibos (**dulcis**). ....

7 In Höchstform!

Betrachte das Beispiel und verwandle die Komparative mit quam in Superlative. Übersetze dann.
Beispiel: Solo **sapientior est quam omnes**. → Solo **sapientissimus est**.

a) Rex potentior est quam omnes alii. ....

b) Croesus divitior est quam omnes. ....

c) Puella felicior est quam amicae. ....

d) Hoc munus gravius est quam illud. ....

8 Irrläufer

Unterstreiche jeweils den Irrläufer und begründe deine Entscheidung.

a) istius – doctius – fortius – recentius

b) mercatores – saeviores – pulchriores – utiliores

c) longioris – felicioris – auctoris – asperioris

d) recentiorum – nuntiorum – clariorum – doctiorum

9 Die sieben Weisen

Die sogenannten Sieben Weisen waren Männer des praktischen Lebens. Hier einige Ratschläge von ihnen.

a) Audi libenter, dic minima! Da civibus consilium non dulcissimum, sed utilissimum!
b) Dic virum mortuum beatissimum! **c)** Nosce te ipsum (humanum, non divinum esse)!
d) Para tibi opes non iniuria! **e)** Praesta te dignum patre tuo! **f)** Errare humanum est.

Die Weisheit des Sokrates

Amicus quidam Socratis[1] quondam oraculum Delphicum[2] adiit et e deo Apolline hoc quaesivit: „Quis est sapientissimus omnium hominum?" Pythia[3] autem sacerdos ei respondit: „Nemo sapientior est quam Socrates."

Hoc fato recepto Socrates, cum putaret se non sapientiorem esse quam alios, secum cogitavit: „Certe scio Apollinem numquam falsa dicere. Quid ergo deus talibus verbis dicere vult?" Itaque Socrates consilium cepit aliquem sapientiorem quaerere, ut deo demonstraret: „Ecce, hic sapientior est!"

Cum autem in foro circumiens[4] poetas aut viros alios, quorum scientia[5] clarissima erat, interrogabat, brevi tempore hoc intellexit: Illi viri, quos rogaverat, profecto sapientissimi[6] erant suarum artium; sed putantes se etiam omnium aliarum artium sapientissimos esse errabant.

Nunc demum Socrates verba dei comprehendit: „Sapientissimus sum, nam ego scio me nihil scire!"

[1]Sōcratēs, is *m* Sokrates [2]ōrāculum Delphicum das Orakel in Delphi [3]Pythia Pythia (die Priesterin des Gottes Apollon) [4]circumīre, circumeō, circumiī herumgehen [5]scientia Wissen [6]sapiēns *(m. Gen.)* weise *(in einer Sache)*

Aufgabe 1
Markiere alle Adjektivformen (Positiv, Komparativ, Superlativ) im Text. Übersetze dann den Text.

Aufgabe 2
Gib mit eigenen Worten kurz den Inhalt der Zeilen 1–3, 4–6, 7–9 und 10f. wieder.

Aufgabe 3
Sokrates wurde zum Tode verurteilt. Ein Anklagepunkt lautete: „Sokrates glaubt nicht an die Götter, an die die Stadt glaubt."

a) Welche Stelle im Text entkräftet diesen Vorwurf?
b) Gib in kurzen Sätzen an, worin im Vergleich zu anderen die Weisheit des Sokrates besteht.

Sokrates (470–399 v. Chr.). Römische Marmorkopie eines griechischen Originals aus dem 4. Jh. v. Chr. Paris, Musée du Louvre.

79 Wortschatz

1 Wortkundig

a) Nenne zu den folgenden Verben jeweils das zugehörige Substantiv bzw. Adjektiv und übersetze dann.

numerare – vulnerare – laborare – sperare – sonare – gravare – signare – finire – mollire

b) Das Suffix (Die Nachsilbe) **-tudo** drückt beim Substantiv einen Zustand aus. Nenne jeweils das zugrunde liegende Adjektiv. Dann kannst du die folgenden Substantive problemlos übersetzen.

pulchritudo – beatitudo – turpitudo – fortitudo – longitudo – magnitudo – altitudo – latitudo – mollitudo – multitudo

2 Endlich Post!

Vor lauter Aufregung haben sich lateinische Ausdrücke eingeschmuggelt. Übersetze diese und lies die Geschichte dann vor.

> Der Postbote **salutem dixit** mich heute **imprimis** fröhlich, denn er hatte **epistulam** für mich. Ich war neugierig, **quis** ihn denn **composuerat** und **legi** den Absender. Welch **gaudium**! Meine **amica** aus **Britannia**! Erat ihre **prima epistula** von dort und sollte mir **solacio esse**. Dies **contigerat** ihr **mollibus verbis**. Heute noch **re-scribam**!

3 Pluralwörter

Wie viele Wörter, die nur im Plural vorkommen, haben sich hier versteckt? Markiere und übersetze sie.

amicitiae – reliquiae – arma – monstra – cura – oppida – tenebrae – nuptiae – viae – pericula – aqua – castra – templa – insidiae – linguae – feminae – puellae – moenia

4 Mutter Latein

Suche Fremdwörter zu den folgenden Verben:

a) componere **b)** contingere **c)** comparare **d)** conficere **e)** concedere **f)** consistere **g)** consulere

5 Schmierfink?

In der Hoffnung, dass Prima, die Dame seines Herzens, hier vorüberkommen wird, hat der verliebte Secundus an einer Hauswand in Pompeji die folgende Botschaft hinterlassen. Kannst du sie entziffern?

ubīque überall

SECUNDUS PRIMAE SUAE UBIQUE
IPSE SALUTEM DICIT
ROGO, DOMINA, UT ME AMES

Grammatik

6 Wer suchet, der findet!

Wenn du die Dativformen unterstreichst und dann der Reihenfolge nach deren Anfangsbuchstaben liest, wirst du die Hauptpersonen einer Hochzeit finden.

casui – monui – opinioni – servi – nocti – iudici – initii – inii – usui – immo – gaudio – adeo – aio – exercitui – composui – solacio

Lösungswort: ▢ ▢ ▢ ▢ ▢ ▢ ▢

7 Ballspiel

A(ntonia) ist zuständig für den *Positiv*, **B**(eate) für den *Komparativ*, **C**(laudia) für den *Superlativ*. Es geht reihum und immer beginnt eine andere.

Beispiel: beata   **A**: beata   **B**: beatior   **C**: beatissima

a) miser   **B**: miserior   **C**: ....   **A**: ....

b) pulchra   **C**: ....   **A**: ....   **B**: ....

c) potens *m*   **A**: ....   **B**: ....   **C**: ....

d) felix *n*   **B**: ....   **C**: ....   **A**: ....

e) facilis *f*   **C**: ....   **A**: ....   **B**: ....

8 Umbauarbeiten

Verwandle jeweils den Ablativ des Vergleichs in eine Konstruktion mit quam.

a) Hae puellae pulchriores sunt **aliis**.
b) Hic vir fortior est **illo**.
c) Animus meus tristior est **tuo**.
d) Exilium nostrum gravius est **vestro**.

9 Hymne auf Sappho

Ein Verehrer Sapphos kommt ins Schwärmen. Bilde jeweils die entsprechende Superlativform und übersetze dann die Sätze.

a) Versus eius non solum **dulces**, sed .... sunt.

b) Ars eius non solum **pulchra**, sed .... est.

c) Vita eius non solum **difficilis**, sed .... erat.

d) Carmina eius non solum **mollia**, sed .... sunt.

e) Exilium eius non solum **miserum**, sed .... erat.

10 Sappho verabschiedet sich von einem ihr anvertrauten Mädchen

Puella carissima! Semper memoria annorum pulcherrimorum me maximo gaudio complebit. Quam celeriter omnia didicisti, quae te docui! Quam bene omnes artes perfecisti: capillos[1] lon-
3 gissimos ornare, voce clarissima cantare, sermones[2] dulcissimos habere. Saepe convenimus, ut opinionibus variis philosophorum (!) delectaremur; nos omnes enim cupidae eramus cognitionis[3], qualis orbis sit.
6 Nunc quia tu amicas carissimas relinquere et propter nuptias cum marito tuo patriam novam petere vis, ego animo tristissimo te dimittere debeo.

Audi, puella: Vita tua plena erit munerum difficiliorum; nam uxoris est liberos parere, alere, docere,
9 domui consulere, coniugi comitem bonam esse in rebus secundis atque adversis. Felix autem eris, ut aio, si intellexeris amorem familiae maximum bonum esse. Nunc abis, sed hoc mihi solacio erit: Semper amicitia dulcissima iunctae[4] erimus, quamquam divisae[5] sumus.

[1]capillus Haar [2]sermō, ōnis *m* Gespräch [3]cognitiō, ōnis *f* Erkenntnis [4]iunctus, a, um verbunden [5]dīvīsus, a, um getrennt

Die per Handschlag besiegelte Bürgschaft zwischen Brautvater und Bräutigam. Griechische Vasenmalerei. Um 425 v. Chr. Boston, Museum of Fine Arts.

Aufgabe 1
Markiere alle Verbformen (finite: grün / infinite: gelb) im Text. Übersetze ihn dann ins Deutsche.

Aufgabe 2
a) Nenne aus dem Text die drei Bereiche, die nach Sapphos Meinung für eine umfassende Ausbildung der Mädchen wichtig sind.
b) Ersetze die Superlativformen im Text durch die entsprechenden des Positivs. Wie ändert sich dadurch die Stimmung des Textes?

Aufgabe 3
„*Divisi ma* (aber) *sempre uniti.*"
Suche für diesen italienischen Satz die lateinische Entsprechung im Übersetzungstext.

Aufgabe 4
Das griechische Vasenbild zeigt, wie der Vater der Braut und der Bräutigam das Eheabkommen durch Handschlag besiegeln. Was sagt dies über die Stellung der jungen Frau aus?

80 Wortschatz

1 Liebe und Zuneigung!

Bilde aus den folgenden Silben die entsprechenden lateinischen Wörter.

a – a – a – a – a – ca – ce – ci – cu – cu – cu – de – de – di – dus – fe – ig – lae – lae – lix – ma – mi – mor – nis – pe – pi – pi – pla – ra – re – re – re – re – re – rus – sen – si – ti – ti – ti – ti – tas – tus

a) Liebe b) Freude c) Leidenschaft d) Feuer e) Freundschaft f) lieben g) verlangen h) gefallen i) fühlen j) sich sehnen k) glücklich l) froh m) lieb n) begierig

2 Ganz genau

Jeder Buchstabe ist wichtig! Unterscheide und übersetze:

a) non – no**s** – no**x** – n**e**x – **v**ox – **m**ox – mo**s** – **v**os
b) rex – **s**ex – se**d**
c) cum – **d**um – **t**um – t**a**m – **n**am – **qu**am

3 Wortwechsel

An den Gedichten des Poeten scheiden sich die Geister.
Setze ein und übersetze:
Is poeta clarus carmina [?] composuit.

a) obscura b) pessima c) minima d) meliora e) optima
f) pulcherrima g) difficillima h) maxima gloria digna

4 Doppelt gemoppelt

Suche jeweils eine treffende Übersetzung.
a) vitam vivere b) facinus facere c) servitutem servire d) victoriam vincere

5 Mutter Latein

a) **Fremdwörter:** Erkläre die folgenden Fremdwörter, indem du die ihnen zugrunde liegenden lateinischen Wörter angibst: Optimist – Pessimist – Minimalist – Majorität – Maximum – Minorität

b) **Spanisch:** Bilde zu jeder spanischen Form die entsprechende lateinische.
mayor – bueno – peor – menor – malo – mejor

c) **Italienisch:** Toll, dein Pullover aus Rom! Aber wie sollst du ihn waschen?
Nach einer kleinen Vorübung kannst du die Waschanleitung leicht entziffern.
melior – servare – consilium – lavare (!) – manus – cura
„Per una migliore conservazione: Si consiglia di lavarlo a mano con cura."

6 Sprachkundig

Am Sockel einer Statue findest du die folgende lückenhafte Inschrift. Ergänze sie und gib an, *wem* die Statue geweiht ist.

DEO OPT▢▢▢ MAX▢▢▢

7 Formsache!

Bilde jeweils die entsprechende Form von **esse** bzw. **ire**.

a) eunt .... e) fuisti .... i) fuisses ....

b) erant .... f) erimus .... j) ibimus ....

c) essem .... g) eat .... k) ibam ....

d) eo .... h) iero .... l) est ....

8 Täuschungsmanöver

Lass dich nicht täuschen! Einige Formen sind keine Steigerungsformen! Ordne sie den entsprechenden Masken zu.

clamoris – clarioris – auctor – capior – librorum – tristiori – maiorum – auxiliorum – pauperiore – mercatore – sapientiores – moveor – peiorum – laudor – melior

OR Komparativ
OR o-Dekl.
OR Verb
OR 3. Dekl.

9 Ab in den Komparativ!

a) **bono** auctori .... b) **optimo** auctore ....

c) **parvi** honoris .... d) **minimi** honores ....

e) **magna** gens .... f) **maxima** gaudia ....

10 Alles super!

Ersetze jeweils das Indefinitpronomen durch das angegebene Adjektiv im Superlativ und übersetze:

a) Aliquem .... poetam video. (**clarus**)

b) Aliqua .... crimina damno. (**magnus**)

c) Aliqui .... scelerati veniunt. (**malus**)

d) Alicuius .... testis verba audio. (**diligens**)

e) Alicui .... viro pareo. (**potens**)

f) Aliqua .... lege gaudeo. (**bonus**)

g) Aliqua .... animalia timeo. (**parvus**)

Eine wundersame Rettung

Arion (Arīōn, onis *m*) war ein berühmter Sänger von der griechischen Insel Lesbos. Er hatte lange Zeit am Hof des Periander, des Tyrannen von Korinth, verbracht, bevor er sich entschloss Italien zu besuchen:

Arion in Italiam iter facere decrevit, ut alicui certamini[1] poetarum optimorum interesset[2]. Postquam ibi plurimis poetis praestitit atque maximam gloriam sibi paravit, in patriam nave redire voluit.

3 Nautae[3] cum vidissent Arionem divitiorem esse cupiditate opum impulsi consilium ceperunt eum in mari alto sine testibus interficere. Poeta miserrimus autem cognoscens se sceleratis resistere non posse, eos obsecravit: „Mihi concedite ante necem ultimum[4] carmen cantare!" Id viri ei concesse-
6 runt, sed Arione cantante protinus complures delphini (!) adfuerunt.

Tum Arion in mare se praecipitat[5] et in tergo maioris delphini considens inviolatus[6] ad oram Corinthi portatur.

Wenig später kommen auch die Seeleute dort an.

9 Periandrus tyrannus ex eis quaesivit, utrum una cum Arione in nave fuissent an non. His negantibus ille ira vehementissima commotus eos morte pessimo vindicavit.

[1]certāmen, minis *n* Wettbewerb [2]interesse *m. Dat.* teilnehmen an [3]nauta, ae *m* Seemann
[4]ultimus, a, um der letzte [5]sē praecipitāre sich hinabstürzen [6]inviolātus, a, um unverletzt

Aufgabe 1
Markiere alle Pronomina im lateinischen Text und übersetze ihn dann ins Deutsche.

Aufgabe 2
a) Beschreibe die im Text ab Z. 3 vorliegende Stimmung mit entsprechenden Textbelegen.

b) In Z. 7–8 stehen die Prädikate im Präsens. Was bezweckt der Autor damit?

c) „… morte pessimo vindicavit" (Z. 10) Welche Stellung muss Arion bei Periander gehabt haben, wenn dieser zu einer solchen Maßnahme griff?

Aufgabe 3
Apollon versetzte Arion und den Delphin unter die Sternbilder. Welche Personengruppe hatte wohl eine besondere Beziehung zu diesen Sternbildern?

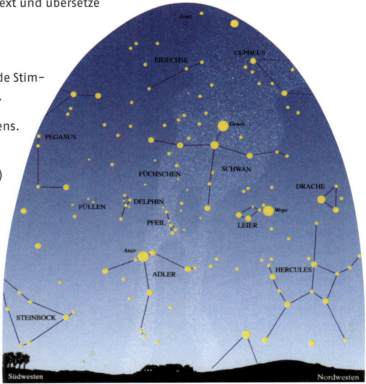

Der westliche Sternenhimmel im November.

81 Wortschatz

1 Wortkundig

Das Suffix (die Nachsilbe) -tas bedeutet, an den Stamm von Adjektiven angehängt, eine Eigenschaft oder einen Zustand. Nenne jeweils das zugrunde liegende Adjektiv und übersetze dann das Substantiv.

a) felicitas **b)** brevitas **c)** paupertas **d)** veritas **e)** humanitas **f)** dignitas **g)** gravitas **h)** novitas **i)** crudelitas **j)** utilitas **k)** vetustas

2 Mutter Latein

a) Spanisch: Die Lebensbedingungen am Titicacasee in Südamerika werden im folgenden Satz als sehr hart und die Bevölkerung als sehr arm beschrieben. Finde zu den gekennzeichneten Wörtern die entsprechenden lateinischen Wörter. Hilfe: *pobre* → e. poor / *muy* → e. much.

Las condiciones de vida son muy duras y la gente muy pobre.

b) Italienisch: Übersetze das folgende italienische Sprichwort. Du kennst es auch auf Deutsch.
Chi (qui) *dorme* (dormire schlafen), *non pecca.*

c) Botanik: Versuche zu erklären, warum man das Große Springkraut oder Waldspringkraut (wissenschaftlicher Name: *Impatiens noli tangere*) auch *Rührmichnichtan* genannt hat.

3 Nomen est omen.

Erkläre, was die folgenden Papstnamen über das Selbstverständnis des jeweiligen Amtsträgers mitteilen wollen:

a) Pius **b)** Honorius **c)** Benedictus **d)** Coelestin → Caelestin **e)** Adeodatus

4 Sprachkundig

a) Was bedeutet der Ausdruck *nolens volens*?

b) Übersetze und erkläre den folgenden Ausspruch des syrakusanischen Mathematikers und Physikers Archimedes. Als dieser mitten im Kampfgetümmel geometrische Kreise (circulus) in den Sand zeichnete und ein römischer Soldat an ihn herantrat, soll er gerufen haben:

„Noli turbare circulos meos!"

Bronzeplastik des Archimedes vor einem Würzburger Studentenwohnheim.

81 Grammatik

Verwechslungsgefahr! [5]

Ordne die Verbformen richtig in die Schubladen ein. Welche Formen musst du doppelt einordnen?

a) vult b) volat c) velit d) volebam e) voluisti
f) vellem g) voles h) vis i) volabunt j) voluerim
k) volaveram l) volueram m) volam n) volunt
o) volant p) volabat q) volumus r) volo

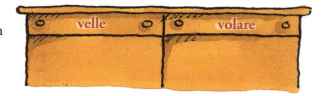

Formenstaffel „nolle" [6]

a) 3. Pers. Pl. Ind. Präs. → Konj. Präs. → Ind. Impf. → Konj. Impf. → Fut. I
b) 1. Pers. Sg. Ind. Perf. → Konj. Perf. → Ind. Plusqpf. → Konj. Plusqpf. → Fut. II
c) 2. Pers. Pl. Ind. Präs. → Konj. Präs. → Konj. Impf. → Konj. Perf. → Konj. Plusqpf.

Ach *ne*! [7]

Kreon will seinen Willen durchsetzen, Antigone muss ihren Weg gehen. Achte auf die Übersetzung von ne.

a) Creon rex Antigonam prohibet (retinet / impedit), **ne** fratrem terra tegat.
b) Creon: „**Ne** fratrem terra texeris!"
c) Antigona autem cavet (resistit / vitat), **ne** contra leges deorum agat.
d) Antigona: „**Ne** hostes quidem religionem neglegunt. **Ne** impius fueris!"

Typisch Mutter! [8]

Anna und Barbara wollen einkaufen gehen. Verwandle alle mit **noli** bzw. **nolite** formulierten Ermahnungen ihrer Mutter jeweils in einen Prohibitiv und übersetze.

a) „Noli, Barbara, emere cibos dulciores!

b) Noli, Anna, consistere apud amicam tuam!

c) Nolite, filiae, abire de via!

d) Nolite, filiae, verba facere cum ignotis hominibus!

e) Cavete canem, filiae!"

Die Pfeile des Philoktet

Auf dem Feldzug gegen Troja wird im Lager der Griechen Philoktet (Philoctētēs, ae *m*), der beste Bogenschütze des Heeres, von einer Schlange gebissen. Weil die eiternde Wunde aber bald schon einen unerträglichen Gestank verbreitet, wird Philoktet auf Anraten des Odysseus (Ulixēs, is *m*) heimtückisch auf der einsamen Insel Lemnos ausgesetzt.

Graeci cum contra Troianos novem annos vehementer pugnarent, Philoctetes doloribus gravissimis tortus in insula vitam agebat. Decimo anno autem Graeci coacti sunt illum virum miserum reducere, cum oraculum (!) dixisset Troiam deleri non posse nisi sagittis[1] Philoctetae!

Sic Ulixes callidissimus[2] et Neoptolemus[3] delecti sunt, ut arma Philoctetae referrent. Postquam ad litus insulae pervenerunt, primo Neoptolemus ad virum adibat dicens se eum in patriam referre velle. Philoctetes beatissimus erat et huic fidem habebat. Itaque Neoptolemus, cum pius et iustus esset, sentiebat se peccavisse et viro consilium Ulixis aperuit.

Consilio Ulixis cognito Philoctetes de salute desperans clamavit: „Di immortales, vos testes appello huius consilii nefarii. Nolite sinere Ulixem, qui mihi hanc vitam duram imposuit, sagittas meas rapere victoriae causa! Nisi ille tam crudeli animo fuisset, Troia iam capta esset!"

Schließlich lässt sich Philoktet doch noch umstimmen. Denn Herakles, der bei seinem Tod dem Philoktet seine mit Gift getränkten und unfehlbaren Pfeile geschenkt hatte, erscheint ihm als Gott und kann ihn zur Fahrt nach Troja bewegen. Dort wird er geheilt – und Troja fällt.

[1] sagitta Pfeil [2] callidus, a, um schlau, verschlagen [3] Neoptolemus Neoptolemos (Sohn des Achill)

Der verwundete Philoktet im gleichnamigen Theaterstück von Heiner Müller. Berliner Ensemble 1999/2000.

Aufgabe 1
Markiere alle Konjunktive im Text und erkläre ihren Gebrauch. Übersetze den Text dann ins Deutsche.

Aufgabe 2
Charakterisiere Odysseus, Neoptolemos und Philoktet anhand des Textes.

Aufgabe 3
a) Wofür ist Odysseus im Zusammenhang mit der Eroberung Trojas bekannt?
b) Erzähle mithilfe der folgenden Namen die Ereignisse des zehnten Kriegsjahres des Trojanischen Krieges nach: Paris, Helena, Menelaos, Priamos, Agamemnon, Achill, Hektor, Laokoon, Odysseus.

82 Wortschatz

1. Wortkundig

Die Suffixe **-ilis** und **-bilis** bezeichnen gewöhnlich eine Fähigkeit oder Tauglichkeit. Im Englischen findest du dafür das Suffix **–ble**. Gib jeweils das lateinische Ursprungswort an und übersetze dann die Adjektive:

a) portable b) incredible c) terrible d) impossible e) acceptable f) invincible

2. re- ≠ re-

Die Vorsilbe **re-** kann bei Verben die Bedeutung *zurück-* oder *wieder-* haben. Erschließe die Bedeutungen der folgenden Verben:

a) repellere – recipere – remanere – referre – retinere – restituere – reducere

b) recedere – removere – recurrere – reparare – revocare – retrahere – remittere – reportare

3. Repetitio est mater studiorum.

Wiederhole die Bedeutungen der folgenden Präpositionen. Sortiere sie dann in die Körbe ein.

1 ab **2** post **3** per **4** in **5** sine **6** ad **7** inter **8** sub **9** cum **10** ex **11** ante **12** circum **13** propter **14** extra **15** de **16** trans **17** pro **18** contra

4. Aufregung im Theater!

Erkläre die folgenden Fremdwörter, indem du jeweils das lateinische Ursprungswort angibst (z. B. lädiert: laedere → verletzt)

Das **Auditorium** hielt die Luft an. Trotz seiner **Adoleszenz** beeindruckte der Künstler durch ein furioses **Solo** und ließ sich nicht aus dem Takt bringen, obwohl in der ersten Reihe der **Kommissar** saß und neben ihm ein berühmter **Jurist** – beide mit finsterem Gesicht. Ein Mord war verübt worden. Der **Kustos** hatte bereits alle Ausgänge verschlossen und in einem langen **Sermon** bat der Direktor die Besucher anschließend, im Theater zu bleiben. Die italienische Diva hauchte nur noch **„incredibile"** und fiel in Ohnmacht. Der Mörder wurde schnell überführt: Es war der **Komponist**. Sein **Motiv** blieb leider **obskur**.

5. Im Gegenteil!

Übersetze die folgenden Wörter mündlich und bilde dann Gegensatzpaare:

A poena **B** custodia **C** adulescens **D** ferus **E** ingens **F** claudere **G** ambo **H** inferi **I** durus **J** sermo **K** patrius **L** obscurus **M** gaudium

1 silentium **2** parvus **3** clarus **4** luctus **5** superi **6** alienus **7** solus **8** aperire **9** senex **10** praemium **11** mollis **12** placidus **13** libertas

6 Ergänze die fehlenden Formen!

	Konj. Präs.	Konj. Impf.	Konj. Perf.	Konj. Plusqpf.
a)			ierint	
b)				dedisses
c)		essem		
d)	debeat			

7 Formenbau

Bilde Konjunktivformen, indem du jeweils nur *einen* Buchstaben *änderst* oder *hinzufügst*.

a) laudas b) auditis c) commiseras d) nolle e) pudet f) attingis g) iunxisse h) iunges i) constant j) recipere k) eunt l) regit m) imposuerunt

8 Hoffnungsvoll

Ismene hofft noch auf einen guten Ausgang im Streit zwischen ihrer Schwester Antigone und Kreon. Bilde das Prädikat in der angegebenen Form und übersetze dann die Sätze.

a) Creon iniuriam ……………………………………………! (**cavere**, Jussiv)
b) Dei sententiam duram regis ……………………………! (**vertere**, Jussiv)
c) ………………………… de salute ………………………! (**desperare**, Prohibitiv / Sg.)
d) Res futuras laetas ………………………………………! (**sperare**, Hortativ)

9 Zuversichtlich

Haimon, der Sohn des Kreon, macht Antigone Mut. Übersetze.

a) Amor nos semper iungat!
b) Ne pater tibi hanc poenam incredibilem imponat!
c) Mox nuptias statuamus!
d) Vivamus atque amemus!

10 Abrakadabra

Übersetze die folgenden Zaubersprüche mit dem Pronomen *sich*.

a) Porta aperiatur!
b) Fenestrae claudantur!
c) Canis in equum mutetur!
d) Mensa ornetur!
e) Aedes moveantur!

Krieg und Frieden

Die folgende Geschichte erzählte ein berühmter Komödiendichter vor zweieinhalbtausend Jahren. Er lebte in Athen und hieß Aristophanes. Damals – Ende des 5. Jh.s v. Chr. – tobte in Griechenland der Peloponnesische Krieg – und die Menschen sehnten sich nach Frieden. Doch wer sollte den Menschen den Frieden zurückbringen? Die Götter vielleicht?

Mars, deus ferus, Eirenam[1], deam pacis, rapuerat et in custodia obscura condiderat. Cum autem omnes
3 homines Eirenam desiderarent, Trygaius[2], vir de plebe, consilium incredibile cepit: Scarabaeo[3] cuidam maiorem copiam fimi equini[4] dedit; ita effecit,
6 ut scarabaeus brevi tempore in maximum animal mutaretur. Tum Trygaius in tergo animalis sedens ad caelum volavit, ut auxilium a deis peteret.
9 Ibi autem Mercurius ei haec nuntiavit: „Noli auxilium petere a deis! Cum mortales pacem servare non possint, auxilio indigni sunt; itaque dei ira vehe-
12 mentissima commoti abierunt. Pudeat vos! Pudeat homines belli! Homines ipsi Eirenam liberent!"

Ein Schauspieler sitzt auf einem riesigen Mistkäfer und wird von einem Bühnenkran „in den Himmel" gehoben. Modell, das einer Szene aus dem „Frieden" des Aristophanes nachempfunden ist. München, Deutsches Theatermuseum.

Trygaius postquam in terram re-volavit, omnes cives excitavit: „Concordia iuncti bellum civile[5]
15 conficiamus! Eirenam quaeramus et eam e custodia liberemus!"
Eirena inventa omnes gaudebant; at dea eos monuit: „Ne arma, sed alias res ad vitam placidam necessarias emeritis!"
18 Hodie quoque haec fabula animos nostros attingat!

[1]Eirēna Eirene (die Göttin des Friedens) [2]Trygaius Trygaios (ein athenischer Bürger) [3]scarabaeus Käfer
[4]fimus equīnus Pferdemist [5]cīvīlis, e bürgerlich, Bürger-

Aufgabe 1
Markiere alle Konjunktive im Text (grün: im Hauptsatz; blau: im Gliedsatz).
Übersetze den Text dann ins Deutsche.

Aufgabe 2
Aristophanes schreibt mitten im Peloponnesischen Krieg eine Komödie.
a) Welche Stellen im Text tragen ganz deutlich die Züge einer Komödie?
b) Welche ernste Botschaft will Aristophanes seinen Mitbürgern trotz aller Komik vermitteln?
c) Mit welchen sprachlichen Mitteln unterstreichen Trygaios und Eirene ihre Appelle?

Selbsttest zu den Lektionen 77–82

Bearbeite zunächst die Aufgaben. Vergleiche dann deine Antworten mit den Antworten im Lösungsheft. Dort findest du auch, wie viele Punkte du für jede richtige Antwort erhältst. Zähle die Punkte, die du für deine richtigen Antworten erhalten hast, zusammen und ermittle danach mit der Bewertungstabelle am Ende des Selbsttestes, wie deine Leistung zu bewerten ist.

1 Quintus allein zu Haus! 7 BE

Seltsame Geräusche erschrecken Quintus. Um sich Mut zu machen, spricht er mit sich selbst.
Setze die passende Form von aliqui ein und übersetze die Sätze dann mündlich.
aliqui – aliqui – aliquem – aliquod – aliquo – aliquos – aliquas

a) „………………………… sono perterritus sum.
b) Sentio ………………………… hominem alienum in domo esse.
c) Estne ………………………… animal?
d) Nonne ………………………… fur est?
e) Certe ………………………… res caras quaerit.
f) Etsi ………………………… scelerati adsunt, istos fortiter repellam.

Da fällt eine Schale polternd zu Boden und Quintus sieht gerade noch eine kleine Maus davonflitzen.

g) Deo gratias! Ille fur ………………………… cibos tantum ‚rapere' voluit!"

2 Konjunktive 4 BE

Unterstreiche alle Konjunktivformen und bestimme sie.

caveas – statuere – peccaverim – noluissem – iungeret – commiserunt – moneat – laudat – perficies – contigisse – compararem – recepissent – constat – sapiat

3 Komparativ und Superlativ 6 BE

Bestimme die Komparativformen nach KNG und ordne ihnen die passenden Superlativformen zu.

A divit-iore	B pauper-iores	C felic-ioris	D trist-ius	E facil-ioribus	F miser-iorum
1 -rimi	2 -issimo	3 -limis	4 -rimorum	5 -issimum	6 -issimae

4 Supercool! 7 BE

Wähle sieben Begriffe aus und bilde zum entsprechenden Adjektiv jeweils den lateinischen Superlativ:

a) todsicher b) fuchsteufelswild c) klitzeklein d) zuckersüß e) pechschwarz f) steinreich g) strohdumm h) hochheilig i) tieftraurig j) brandneu k) uralt l) riesengroß m) kinderleicht

saevus – dulcis – niger – dives – antiquus – certus – parvus – magnus – facilis – sanctus – novus – stultus – tristis

Fehlersuche

6 BE

In der deutschen Übersetzung finden sich drei Fehler. Unterstreiche und verbessere sie:

Socrates sapientissimus appellatus est et in foro alium sapientiorem quaerebat.

(Sokrates wurde von einem anderen weise genannt und suchte auf dem Forum den Weisesten.)

Prohibitiv

2 BE

Bilde die Prohibitivformen mit nolle.

a) Ne fefelleris!

b) Ne rettuleritis!

Sachkundig

8 BE

Übersetze jeweils den lateinischen Satz und ergänze dann die zwei zutreffenden Namen.

1 Krösus **2** Haimon **3** Ibykus **4** Polyneikes **5** Pythagoras **6** Biton **7** Eteokles **8** Kraniche
9 Sphinx **10** Alkaios **11** Solon **12** Antigone **13** Ödipus **14** Kleobis **15** Sappho **16** Thales

a) Fratres erant, sed etiam hostes.

b) Carmina clara conscribebant.

c) Hic opes maximas illius non laudavit.

d) Amore iuncti erant.

e) Ille aenigma (aenigma *n* Rätsel) eius solvit.

f) Ambo matri aderant.

g) Illi viri materiam (Urstoff) quaesiverunt.

h) Ii necem illius nuntiabant.

BE	40–35	34–29	28–23	22–17	16–11	10–0
Leistungsstand	sehr gut	gut	befriedigend	ausreichend	mangelhaft	ungenügend

83 Wortschatz

1 Wortkundig

Erschließe die Bedeutung der folgenden Wörter und finde eine treffende Übersetzung.
Die Kenntnis der neuen Vokabeln wird dir dabei helfen.

a) levitās, ātis *f* **b)** levāre, levō **c)** optābilis, e **d)** vitiōsus, a, um **e)** incorruptus, a, um

2 Witte nicht verbechseln!

a) more maiorum ⟷ sine mora **b)** voluptas ⟷ voluntas **c)** deligere ⟷ diligere

3 Ganz genau

Jeder Buchstabe ist wichtig! Unterscheide und bestimme die folgenden Formen. Die Zahl in der Klammer gibt dir die Anzahl der verschiedenen Möglichkeiten an:

a) operis – opis – oris (3) – orbis (2)

b) vis (2) – viis (2) – viris (2) – vicis (2) – vitiis (2) – virginis

4 Echt Cato!

Vervollständige den Text mit den folgenden Wörtern.

> abeant – corrupit – corrupti – didicisse – diligis – legunt – more – perturbant – philosophos – relinquant – viverent – voluptates

a) Cato: „Tota urbe .... Graecos video, qui orationes leves habent et mentes civium ....

b) Romani potius libros Graecos .... quam ut laborent.

c) .... Graecorum vivunt ac bibunt.

d) Vitiis Graecorum .... sunt.

e) Velim isti philosophi .... et Romam ....!"

f) Flamininus: „Te ipsum cultus Graecorum .... nam opera Graeca ....

g) Etiam scio te linguam Graecam .... "

h) Cato: „Alii .... Graecorum amant, sed ego virtutes eorum colo.

i) Utinam cuncti Romani meo more ....! Vale!"

Wunschkonzert

Die folgenden Gestalten hast du in deinem Lateinbuch bereits kennengelernt:

a) Haemon b) Tiresias c) Antigona d) Sappho e) Cato
f) Ibycus g) Oedipus h) Thales i) Croesus j) Creon

Übersetze die folgenden Wünsche und ordne sie den Namen zu, indem du den jeweiligen Buchstaben neben die Sprechblase schreibst. Bestimme dann die Art der Wünsche.

1. Velim mihi liceat fratrem in terra condere!
2. Vellem Creon desineret crudeliter vindicare in Polynicem!
3. Utinam ne orationes philosophorum Graecorum mores civium Romanorum corrupissent!
4. Nollem matrem uxorem meam fecissem!
5. Velim ne pater meus Antigonam virginem necet!
6. Vellem Solo me beatissimum omnium hominum nominavisset!
7. Utinam ne filium et uxorem amisissem!
8. Utinam ne vitam miseram in exilio agerem!
9. Inveniam, e quibus rebus terra constet!
10. Utinam grues (Kraniche) testes necis meae fuerint!

Alles Gute!

a) Di omnia bona tibi dent! b) Hoc di bene vertant! c) Deus det! d) Pax (sit) vobiscum!

7 Cato der Ältere – ein Mann mit vielen Gesichtern

Der ältere Cato gab sich viel Mühe bei der Erziehung seines Sohnes:

Cato non solum senator asper et potens, sed etiam pater bonus fuit: Cum uxor ei filium peperisset, matri puerum curanti semper aderat. Ubi primum puer crevit, pater ipse eum docuit, cum servum
3 Graecum diligentem haberet. Timuit enim, ne filius vitiis voluptatibusque Graecorum levium perturbaretur, si a servo doceretur; itaque ipse magnis litteris res gestas virorum Romanorum clarorum in tabulas scripsit, ut filio in domo patris virtutes maiorum ante oculos positae essent.
6 Epistula Catonis patris ad filium scripta tradita est, in qua Cato – odio in Graecos motus – haec dicit:
„Mi fili[1], velim litteras nostras discas! Si enim libros Graecos legeris, facile corrumperis et more
9 Graecorum voluptatem vitiaque diliges. At haec scias: Graeci barbaros omnes medicina[2] necare volunt. Nos quoque barbaros dicunt! Opto igitur, ut Graecos et opera eorum caveas! Vale!"

[1] mī filī: *Vok.* zu meus filius   [2] medicīna: *vgl. Fw.*

Aufgabe 1
Markiere zunächst die beiden Optative und übersetze dann den Text.

Aufgabe 2
a) „Longum iter est per praecepta (Belehrung), breve et efficax (wirksam) per exempla (Vorbilder)." Inwiefern beherzigt bereits Catos Vater in seiner Erziehung diesen Grundsatz des Philosophen Seneca (4 v. Chr.–65 n. Chr.)?
b) Bestimme den Gliedsatz, der von timuit enim (Z. 3) abhängig ist. Welche weiteren Ausdrücke des Fürchtens kennst du, nach denen ne mit *dass* ins Deutsche übersetzt wird?

Aufgabe 3
Trotz der Vorbehalte, die Cato seinem Sohn gegenüber äußert, hat er selbst Griechisch gelernt. Was könnte der Grund dafür gewesen sein?

Kinderleben. Relief auf einem römischen Sarkophag. 2. Jh. n. Chr. Paris, Musée du Louvre.

84 Wortschatz

1. Witte nicht verbechseln!

Betrachte jeweils genau und übersetze:

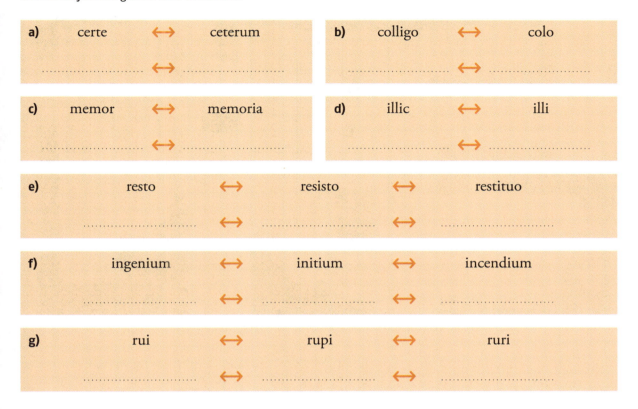

a) certe ↔ ceterum
b) colligo ↔ colo
c) memor ↔ memoria
d) illic ↔ illi
e) resto ↔ resisto ↔ restituo
f) ingenium ↔ initium ↔ incendium
g) rui ↔ rupi ↔ ruri

2. Sprachgefühl

Finde jeweils eine treffende Übersetzung.

a) milites colligere b) iram colligere c) incendium urbis d) incendium amoris e) spatium dierum viginti f) spatium inter exercitus g) id restat h) hostes restant i) memor beneficii

3. Sprachgewandt

Finde für die folgenden Wendungen ein treffendes deutsches Wort. Orientiere dich dabei am Beispiel.

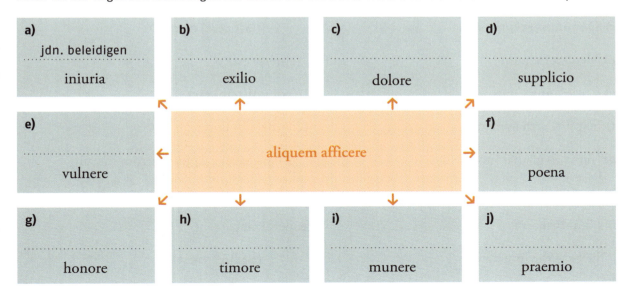

a) jdn. beleidigen — iniuria
b) exilio
c) dolore
d) supplicio
e) vulnere
aliquem afficere
f) poena
g) honore
h) timore
i) munere
j) praemio

Das Kreuz mit dem PFA!

Bilde zu den Infinitiven das Partizip Futur Aktiv in der angegebenen Form.

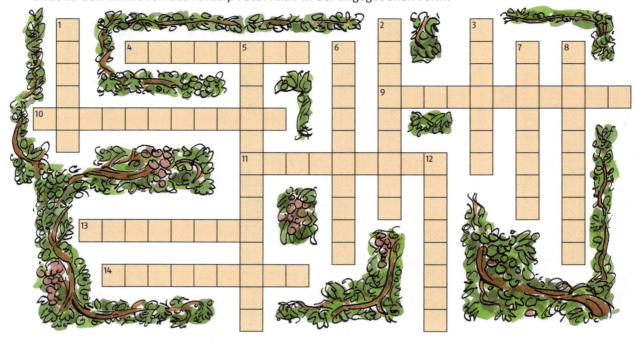

Waagrecht: **4.** venire (*Akk. Sg. n*)   **9.** appetere (*Gen. Sg. f*)   **10.** arcessere (*Nom. Sg. f*)
11. habere (*Akk. Sg. n*)   **13.** rumpere (*Akk. Pl. m*)   **14.** necare (*Nom. Pl. f*)

Senkrecht: **1.** esse (*Gen. Sg. n*)   **2.** vocare (*Dat. Sg. f*)   **3.** vincere (*Nom. Pl. m*)
5. reprehendere (*Akk. Pl. m*)   **6.** decernere (*Dat. Sg. f*)   **7.** petere (*Dat. Sg. m*)
8. servare (*Dat. Pl. m/f*)   **12.** mittere (*Akk. Sg. m*)

Wo ein Wille ist, ist auch ein Weg!

Setze die richtige Form des PFA ein und übersetze danach die Sätze.

a) Hostes patriae perniciem .... (**afferre**) erant.

b) Miles urbem .... (**defendere**) est.

c) Dominus servum poena .... (**afficere**) erat.

d) Mercator equum .... (**emere**) est.

e) Coriolanus scelus .... (**committere**) erat.

f) Scipio Carthaginem .... (**delere**) non erat.

g) Mulieres gladiatores .... (**spectare**) amphitheatrum intrant.

h) Poeni bella .... (**gerere**) erant.

i) Hannibal arma .... (**capere**) erat.

j) Plebs verba imperatoris .... (**audire**) tacuit.

Eine außergewöhnliche Freundschaft

In Ciceros philosophischer Schrift „De amicitia" wird Laelius gefragt, wie er den Tod seines Freundes Scipio verkrafte. Laelius gibt eine sehr persönliche Antwort, die viel über seine Lebensphilosophie aussagt:

„Scipio fuit talis amicus, qualis, ut puto, nemo umquam erit, nemo certe fuit. Morte igitur Scipionis maxime moveor. Sed mihi imprimis illud solacio est: Malum Scipioni accidisse non existimo. Puto
3 enim non omnia morte exstingui. Sed credo animos hominum post mortem in caelum redire. Itaque cum Scipione actum est bene. Quid enim hunc pauci anni additi iuvissent? Nam vita eius praeclara fuit. Scitis enim virum nobilem fuisse pium in matrem, bonum in suos, iustum in omnes,
6 durum in superbos. In Africam venit Poenos poena affecturus. Carthaginem deleturus non erat. Tamen eum hostes bella nova gesturos exstinguere oportebat. Utinam ne posteri Didonis tam superbi fuissent!"

Aufgabe 1
Markiere zunächst alle Formen des Partizip Futur Aktiv und übersetze dann den Text.

Aufgabe 2
a) Laelius spricht in diesem Text sehr gut über seinen Freund Scipio. Finde im Text positive Begriffe, mit denen Laelius ihn und sein Wirken umschreibt.
b) Beschreibe das Besondere an der Wortstellung im Satz „Scitis enim virum nobilem fuisse pium in matrem, bonum in suos, iustum in omnes, durum in superbos." (Z. 5 f.). Warum verwendet Laelius diese Wortstellung?

Aufgabe 3
Übersetze die folgenden Gedanken zum Thema „Freundschaft".

a) Amicus est unus animus in duobus corporibus.
b) Amicum res secundae parant, adversae probant.
c) Amicus certus in re incerta cernitur.

Angriff auf Karthago.
Aquarell von Severino Baraldi.
20. Jh. Privatbesitz.

85

1 Wortschatzerweiterung

Mithilfe des neu gelernten Wortschatzes und der vorgegebenen Konsonanten kannst du die Bedeutung der unten stehenden, dir unbekannten Vokabeln erschließen.

a) mīlitia — Kr▢▢gsd▢▢nst

b) satietās, ātis *f* — R▢▢chl▢chk▢▢t, ▢b▢rfl▢ss, G▢n▢g

c) coniūrātus — V▢rschw▢r▢r

d) convīva *m* — T▢schg▢n▢ss▢, G▢st

e) satiāre, satiō — s▢tt▢g▢n

f) ōtiōsus, a, um — ▢nt▢▢t▢g, m▢ß▢g, fr▢▢dl▢ch

g) mīlitāre, mīlitō — Kr▢▢gsd▢▢nst l▢▢st▢n

h) cōnservātor, ōris *m* — R▢tt▢r

i) accessiō, ōnis *f* — ▢nn▢h▢r▢ng, Z▢w▢chs

j) satisfacere, satisfaciō — G▢n▢g ▢t▢n, ▢rs▢tz l▢▢st▢n

k) familiāritās, ātis *f* — v▢rtr▢▢t▢r ▢mg▢ng, Fr▢▢ndsch▢ft

l) negōtiātor, ōris *m* — Gr▢ßh▢ndl▢r, G▢sch▢ftsm▢nn

m) cōnservātiō, ōnis *f* — ▢▢fb▢w▢hr▢ng, ▢rh▢lt▢ng

2 Kammrätsel

a) Die Wörter bedeuten:
1 allmählich **2** mehr **3** nahe, beinahe **4** sofort
5 um (ein) wenig **6** also, daher **7** (zu) wenig
8 bekannt, in aller Öffentlichkeit **9** wegen
10 dann, später **11** erstens, zum ersten Mal

b) Die Wörter bedeuten:
1 wohin? **2** wie viel(e)? **3** weshalb? wodurch?
4 wie oft? sooft **5** weil, dass **6** obwohl
7 auf welche Weise? wie? **8** gleichsam
9 was denn? **10** auch **11** da ja, da nun

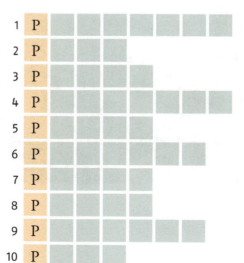

Ergänze die fehlenden Infinitive!

Präsens Aktiv	Präsens Passiv	Perfekt Aktiv	Perfekt Passiv	Futur Aktiv
docere				
	diligi			
		legisse		
			captum esse	
				auditurum esse

Hoffnungen über Hoffnungen ...

Setze den Infinitiv Futur in die folgenden Sätze ein und übersetze sie.

a) Cives: „Speramus consulem nos (servare) ...."

b) Atticus: „Spero Ciceronem multas epistulas ad me (scribere) ...."

c) Senes: „Speramus iuvenes auctoritatem nostram (respicere) ...."

d) Catullus: „Spero me vitam otii plenam (agere) ...."

e) Cicero: „Spero me virum clarum (esse) ...."

f) Poetae novi: „Speramus multos homines carmina nostra (cognoscere) ...."

Gedanken über Gedanken ...

Setze die vorgegebenen Infinitive in die Sätze a) – h) ein und übersetze die neu entstandenen Sätze.

risuros esse – scripturum esse – laesurum esse – reprehensurum esse – laesura esse – accessurum esse – victurum esse – lecturum esse

Cicero über Catull: a) „Non putavi (hätte geglaubt) Catullum me ...."

b) Catullus negat se umquam ad rem publicam .... c) Spero omnes eum

.... d) Catullus ostendit se vitam otii plenam ....

e) Confirmo me numquam carmina istius ...."

Catull über Cicero: f) „Scio eum nos semper .... g) Spero me

meliora carmina quam illum .... h) Exspecto carmina nostra

eum ...."

6 Unverhoffte Rettung

Aus Kapitel 80 kennst du bereits das Schicksal des mythischen Sängers Arion (Ariōn, onis *m*). Der folgende Text erzählt nochmals diese Geschichte. Er stammt jedoch von einem anderen Autor und legt auf andere Aspekte Wert.

Arion poeta ad Siciliam et Italiam accessit illas terras praeclaras visurus. Etiam speravit se cives urbium arte sua delectaturum esse. Et profecto homines eum dilexerunt et – carminum eius memores – magnis donis affecerunt. Tunc dixit se in patriam rediturum esse et paulo post navem ascendit¹ mare transiturus.

In mari alto autem nautae² pecuniam poetae rapturi decreverunt se poetam necaturos esse. Periculum sentiens poeta promisit se sceleratis omnia sua daturum et tum navem relicturum esse. Ceterum dixit se carmen triste cantare velle. Eo carmine cantato Arion se in undas praecipitavit³. Illic delphinus⁴ poetam a morte conservavit eum in Graeciam portans.

Nautae autem, qui nesciverunt ei delphinum auxilio venisse, Arionem mortuum esse putaverunt. Poeta autem ad Periandrum⁵ regem, familiarem suum, properavit ei omnia, quae acciderant, narraturus. Rex protinus promisit se nautas poena affecturum esse.

¹ascendere, ascendō, ascendī besteigen   ²nauta *m* Seemann
³praecipitāre kopfüber stürzen   ⁴delphīnus: *vgl. Fw.*   ⁵Periandrus Periander (Tyrann von Korinth)

Römisches Mosaik aus Henchir Thyna (Tunesien).
3. Jh. n. Chr.

Aufgabe 1
Markiere zunächst alle Infinitive Futur Aktiv und die übrigen Formen im PFA mit unterschiedlichen Farben. Übersetze dann den Text.

Aufgabe 2
In der Antike war man der Meinung, dass Dichter und Sänger unter dem besonderen Schutz der Götter standen. Wie belegt unsere Geschichte diese Auffassung? Was bedeutet diese Tatsache für das Verbrechen, das die Seeleute begehen?

Aufgabe 3
Woran erkennst du, dass die Abbildung den Sänger Arion darstellt?

86 Wortschatz

1 Witte nicht verbechseln!

Unterscheide und übersetze.

a) inde – illic – istic – huc – illuc   b) praeterea – postea – antea   c) videre – visere – vivere – vincere   d) posse – possidere – postulare   e) aut … aut – et … et – neque … neque – modo … modo – tam … quam   f) premere – prehendere – comprehendere – reprehendere   g) occidere – occīdere – occupare – occurrere

2 Lauftraining

Erschließe mithilfe der Angaben 1–9 die Bedeutung der Komposita von **currere**:

a) concurrere   b) accurrere   c) occurrere   d) discurrere
e) incurrere *in m. Akk.*   f) praecurrere *m. Dat.*
g) recurrere   h) succurrere   i) decurrere

1 zu Hilfe eilen   2 jdm. vorauseilen   3 zurücklaufen
4 auseinanderlaufen   5 anstürmen gegen jdn.
6 zusammenlaufen   7 herbeieilen
8 herablaufen   9 begegnen

3 Repetitio est mater studiorum.

Übung macht den Meister. Übersetze die folgenden Ausdrücke.

a) amicum confirmare   b) gloria inanis   c) aditus opportunus   d) oram visere   e) ludum tantum in animo habere   f) omnia membra civitatis   g) libellum perferre   h) fenestram claudere   i) auctoritas praetoris   j) munitionem conspicere

4 Mutter Latein

a) Führe die folgenden italienischen Infinitive auf ihr lateinisches Ursprungswort zurück und übersetze sie.

   promettere – lavorare – rispóndere – scrivere – vedere – aprire – rimanere

b) Suche nach dem folgenden Beispiel die zugehörigen lateinischen Begriffe und übersetze sie:

   chiamare ← clamare → rufen

   chiudere – chiaro – pieno – piacere

c) Übersetze und interpretiere mithilfe deiner Lateinkenntnisse die Aufschrift auf dem nebenstehenden T-Shirt.

5 Das Kreuz mit dem Adverb!

Bilde Adverbformen.

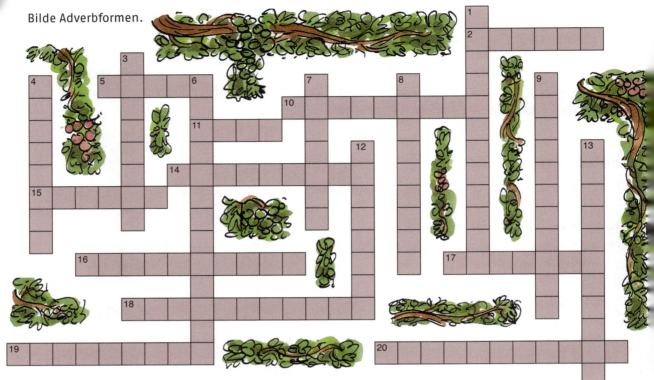

Waagrecht: 2. am besten 5. schlechter 10. schöner 11. mehr 14. am schnellsten 15. besser
16. am tapfersten 17. am schlechtesten 18. freundschaftlicher 19. am leichtesten 20. gewissenhafter

Senkrecht: 1. am ehrenhaftesten 3. glücklicher 4. am meisten 6. am weisesten 7. angenehmer
8. grausamer 9. am schönsten 12. schneller 13. häufiger

6 Ziemlich sehr

Übersetze wie im folgenden Beispiel: crudelius: *ziemlich grausam* / crudelissime: *sehr grausam*

a) melius / optime b) peius / pessime c) plus / plurimum
d) fortius / fortissime e) facilius / facillime

7 Unvergleichlich

Übersetze die folgenden Sätze mit Ablativ des Vergleichs.

a) Titus melius dicit Cicerone. b) Felicius pugnat Caesare. c) Honestius vivit Augusto.
d) Sapientius iudicat Solone. e) Cultum Graecum plus amat Scipione.

8 Unvergessen

Übersetze und beachte dabei die verschiedenen Bedeutungen von quam.

a) Antigona, quam scitis, soror Polynicis fuit. b) Quam fortis erat illa femina!
c) Nulla femina diligentior erat quam illa. d) Nam postulavit, ut frater mortuus quam honestissime terra tegeretur.

Mutiges Verhalten

Maecenas fuit familiaris Augusti, qui rem publicam multos annos sapientissime et iustissime rexit. Augusti autem natura varia fuit: Imperator modo fuit animo placido, modo animo vehementiore.
3 At Maecenas apud Augustum, qui non desiit ipse summam virtutem petere et mores civium corruptos vehementissime reprehendere, plurimum valebat. Saepe auctoritate, quam apud amicum potentissimum possidebat, eius consilia ad melius flectebat et plurimis auxilio veniebat:
6 Quondam Augustus ius dixit et multos sceleratos supplicio affecturus erat. Aderat istic Maecenas, quem imperator de multis negotiis frequentius consulebat. Cum ei ad Augustum propter turbam aditus non esset, in tabulam quam celerrime haec scripsit verba: „Surge tandem, carnifex[1]!" Eam
9 tabulam prehendit et ad Augustum proiecit[2]. His verbis lectis imperator celeriter surrexit nec iussit accusatos interfici.

[1] carnifex *m* Henker   [2] prōicere, prōiciō, prōiēcī hinwerfen

Aufgabe 1
Wiederhole die folgenden lateinischen Wörter zum Sachfeld „Gericht":

accusare – basilica – crimen – culpa – damnare – fur – interficere – iudex – iudicare – iudicium – iurare – ius – iustus – lex – poena – praetor – sceleratus – scelus – supplicium – testis – vincula

Übersetze danach den lateinischen Text ins Deutsche.

Giovanni Battista Tiepolo: Mäzenas stellt die Künste unter den Schutz des Augustus. 18. Jh. Sankt Petersburg, Staatliche Ermitage.

Aufgabe 2
Im nebenstehenden Gemälde siehst du, wie Mäzenas dem Kaiser Augustus Allegorien der freien Künste Malerei, Bildhauerei und Architektur präsentiert. Auch Homer ist anwesend, der für die Dichtkunst steht. Welche Personen kannst du zuordnen?

87 Wortschatz

1 Wörterschlange

Trenne die Wörter richtig voneinander ab und übersetze.

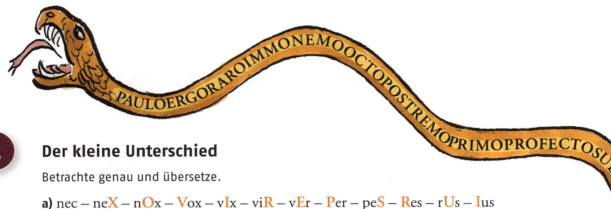

PAULOERGORAROIMMONEMOOCTOPOSTREMOPRIMOPROFECTOSUBITOQUANDODUOAMBO

2 Der kleine Unterschied

Betrachte genau und übersetze.

a) nec – neX – nOx – Vox – vIx – viR – vEr – Per – peS – Res – rUs – Ius

b) pecus – pecTus   c) capere – caRpere   d) otium – oDium

3 us ≠ us

Markiere die Substantive, deren Genitiv auf **-oris** endet.
Nenne dann den Genitiv Singular der restlichen Substantive.

litus – virtus – pecus – ventus – genus – cursus – munus –

corpus – casus – scelus – pectus – tempus – vultus – vulnus

4 Ausdrucksstark

Übersetze die folgenden Ausdrücke.

a) occupatus in munitione castrorum   b) invidiae plenum esse   c) alicui esse invidiae   d) dicta testium
e) se in arcem recipere   f) divus Augustus

5 Sprachgewandt

Füge die vorgegebenen Begriffe so ein, dass fünf italienische Redewendungen entstehen.
Ihre deutsche Bedeutung ist jeweils angegeben.

povertà non – la verità – errare – ogni promessa – il padre di tutti vizi

a) .... *è nel vino.*   Im Wein liegt die Wahrheit.

b) *Umana cosa è* ....   Irren ist menschlich.

c) .... *è debito.*   Versprochen ist versprochen.

d) *L'ozio è* ....   Müßiggang ist aller Laster Anfang.

e) .... *è vizio.*   Armut ist keine Schande.

ND gut, alles gut! — 6

Markiere die Formen des Gerundiums und benenne jeweils den Kasus.
Bestimme danach die restlichen Verbalformen.

a) persuadendi – persuasi – persuaderi – persuadenti

b) addidi – addendi – addenti – additi – addi

c) fundi – fundendi – fudi – fundenti

d) superanti – superati – superari – superandi – superavi

e) vocati – vocandi – vocavi – vocari – vocanti

Sprachkunst — 7

Übersetze die folgenden Ausdrücke mit einem einzigen Wort.

a) ars dicendi

b) ars amandi

c) ars cantandi

d) studium discendi

e) modus vivendi

f) voluntas vincendi

g) cupiditas iter faciendi

h) cupidus discendi

i) paratus ad pugnandum

Schön wär's! — 8

a) Qui cupidus discendi est, bonus discipulus erit. b) Multi discipuli libenter scribendo et legendo se exercent. c) In ludo discendi causa sumus. d) Is maxime idoneus erit ad docendum, qui plurima didicerit. e) Mens homini ad cogitandum data est.

Sprachverständnis — 9

Übersetze und erkläre die folgenden Sentenzen.

a) Nihil agendo homines male agere discunt.

b) Fama crescit eundo (Gerundium von ire).

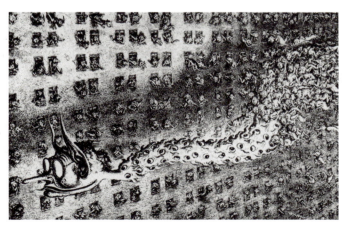

A. Paul Weber: Das Gerücht. Lithografie 1943/1953.

10 Stadtmaus und Landmaus

Quondam mus urbanus[1] familiarem visit, qui ruri vitam duram, sed tutiorem agebat. Mus rusticus[2] amicum nobilem delectaturus cibos varios – sed miseros – paravit. Comiti autem cena non placuit;

3 immo: „Libenter", ait, „concedo cibos istos mihi non esse gratos. Artem vivendi omnino neglegis. Cur occupatus in negotiis silvas et labores urbi et otio praefers? Carpe diem et mecum in urbem veni! Ibi iucundissime vivamus!"

6 His verbis motus mus rusticus cupidus abeundi erat et urbem ignotam petivit. Paulo post cum amico domum praeclaram et optimorum ciborum plenam

9 intravit. Hic, postquam maximo cum gaudio quasi divus[3] cenavit, quiescendi causa se recepit, cum subito dives dominus villae cum canibus adfuit. Ei mu-

12 rem rusticum magna voce in quiescendo perterruerunt. Cum tandem abissent, mus rusticus: „Ego", ait, „ad timendum creatus non sum. Patriam meam desi-

15 dero, ubi vitam bonam sine timore agere possum. Vale!"

Arthur Rackham: The Town Mouse and the Country Mouse. Colorierte Federzeichnung. 1912. Privatbesitz.

[1] mūs urbānus Stadtmaus [2] mūs rūsticus Landmaus [3] dīvus → deus

Aufgabe 1
Im Text findest du verschiedene Zeitadverbien. Suche und übersetze sie und vervollständige deine Liste durch die lateinischen Begriffe für *heute*, *schließlich*, *immer noch*, *vorher* und *dann* (und deren Gegenteil). Übersetze dann den lateinischen Text ins Deutsche, nachdem du alle Formen des Gerundiums und Partizips markiert hast.

Aufgabe 2
a) „Jedes Ding hat zwei Seiten." Finde im Text Ausdrücke, mit denen man die beiden Seiten des Land-, aber auch des Stadtlebens beschreiben könnte.
b) Fasse die Moral dieser Fabel, also die Lehre, die man aus ihr ziehen kann, in einem Satz zusammen.

Aufgabe 3
Beschreibe, wie die Land- und die Stadtmaus auf dem Bild dargestellt sind. Was sagt das über ihre Lebensweise aus?

88 Wortschatz

1. Wortbildung I
Gleiches Verbum simplex – anderes Präfix (Vorsilbe). Übersetze.

a) **a**mittere – **com**mittere – **di**mittere – **o**mittere – **per**mittere – **pro**mittere

b) **af**ferre – **de**ferre – **dif**ferre – **in**ferre – **of**ferre – **per**ferre – **prae**ferre – **re**ferre

2. Wortbildung II
Gleiches Präfix (Vorsilbe) – anderes Verbum simplex. Übersetze.

a) in**cendere** – in**cipere** – in**dicare** – in**ferre** – in**ire** – in**stare** – in**venire**

b) per**ficere** – per**ire** – per**suadere** – per**terrere** – per**tinere** – per**venire**

c) pro**cedere** – pro**ferre** – pro**mittere** – pro**videre**

3. Opus magnum
Übersetze, wer was braucht.

a) Gladiatori violato auxilio opus est.
b) Puellae dote opus est.
c) Vobis exemplo opus est.
d) Omnibus hominibus aqua opus est.
e) Mihi pecunia opus est.

4. Mutter Latein
Gib jeweils das lateinische Ursprungswort der farbig gedruckten englischen Wörter an und übersetze.

a) *diverse* cultures b) an *incendiary* bomb c) a perfect *example* d) to *permit* contact e) a *grand* occasion
f) *contradictory* sentences g) a model of *probity* h) Human *dignity* is *inviolable*.

5. Sprachgewandt
Füge die vorgegebenen Begriffe so ein, dass fünf italienische Sprichwörter entstehen.
Ihre deutsche Bedeutung ist jeweils angegeben.

sfortuna in amore – sono i più dolci – il silenzio è d'oro – chi ride ultimo – porta consiglio

a) Fortuna al gioco, ... Glück im Spiel, Pech in der Liebe.

b) La notte .... Guter Rat kommt über Nacht.

c) La parola è d'argento, ... Reden ist Silber, Schweigen ist Gold.

d) I frutti proibiti .... Verbotene Früchte sind süß.

e) Ride bene .... Wer zuletzt lacht, lacht am besten.

6 Fundsache

Markiere alle Formen des Gerundiums. Ist alles richtig gemacht, so ergeben sich zwei Lösungswörter, wenn du die in den richtigen Wörtern farbig gedruckten Buchstaben aneinanderreihst.

optandum – ludo – violandi – servando – ostendo – faciendi – incendi – persuadendo – existimando – dono – oppidi – reprehendendo – reprehendo – addendo – addo – omitto – omittendi – creandi – secundo

Lösungswörter: ▢▢▢▢▢▢ ▢▢▢▢▢

7 Lückenlos

Setze die folgenden Formen des Gerundiums in die richtige Lücke ein.
Übersetze dann die entstandenen Ausdrücke.

pugnandum – discendo – relinquendi – cogitandum – cantandi – fugiendi – vivendo

a) spes periculum celeriter ▢▢▢▢▢▢▢▢

b) tempus ad diu ▢▢▢▢▢▢▢▢▢

c) ars iucunde ▢▢▢▢▢▢▢▢

d) paratus ad fortiter ▢▢▢▢▢▢▢▢

e) memoriam diligenter ▢▢▢▢▢▢▢ exercere

f) consilium patriam quam celerrime ▢▢▢▢▢▢▢▢▢▢

g) de beate ▢▢▢▢▢▢▢ cogitare

8 Gardinenpredigt

Nicht nur Ovids Vater plagen Sorgen. Auch ein anderer Vater redet seinem Sohn und seiner Tochter ins Gewissen. Übersetze.

a) „Idoneusne es ad exercendum – ad semper exercendum – ad semper diligenter exercendum? b) Esne parata ad discendum – ad saepe discendum – ad saepe optime discendum? c) Cepistine consilium laborandi – consilium iterum atque iterum laborandi – consilium iterum atque iterum bene laborandi? d) Esne cupida legendi – cupida libros legendi – cupida libros saepe legendi? e) Estne vobis ingenium cogitandi – ingenium res difficiles cogitandi – ingenium res difficiles diu cogitandi? f) Ergo me delectate studio discendi – studio multa discendi – studio multa optime discendi!"

Schon wieder Ärger!

Erneut ist es zum Streit zwischen Ovid und seinem Vater gekommen.

Pater: „Moneo te, mi fili[1], ne desinas artem bene dicendi discere. Profecto artes scribendi et dicendi difficiles sunt. Ea de causa iter tuum longum et laboris plenum erit. Sed ecce fratris tui studium ius dicendi! Ille paratus est ad diligenter et frequenter laborandum. Ille cupidus est dignitatem viri probi et grandis quaerendi. Ille idoneus est ad cogitandum et bene agendum. Et tu, mi fili? Tu profers te puerum cupiditate carmina scribendi incensum esse."

Ovidius: „Sic est! Mihi carminibus opus est ad beate vivendum. Versus facere desidero, sine versibus vivere haud possum. Cur mihi non permittis versus meos scribere? Scisne Vergilium, illum poetam egregium? Audivi eius quoque patrem artem carmina componendi non probavisse. Vergilius patri reprehendenti quondam haec respondit: ‚Parce, pater, virgis[2], nolo componere versus!' Ecce! Omnia, quae is scribere temptabat, versus erant. Et hodie nemo nomen eius non novit."

[1] mī filī: Vok. [2] virga die Rute

Aufgabe 1
Übersetze den Text ins Deutsche, nachdem du alle Formen des Gerundiums markiert hast.

Aufgabe 2
„Vita brevis, ars longa." Erläutere diese Sentenz mit Blick auf die Dichter Ovid und Vergil.

Aufgabe 3
a) Eine Illustration in der Übersetzung von Ovids Metamorphosen durch George Sandy aus dem Jahr 1632 zeigt ein Porträt Ovids. Lies und übersetze den Text im Medaillon. Erschließe dabei die Wörter, die dir nicht bekannt sind.
b) Benenne die beiden Götterfiguren neben dem Medaillon anhand ihrer Attribute.

Selbsttest zu den Lektionen 83–88

1. Optativ
7 BE

Marcus hat seinen Freund Sextus schon lange nicht mehr gesehen, weil dieser in die Fremde gezogen ist. Nun denkt Marcus an ihn und formuliert die folgenden Wünsche. Übersetze sie.

a) Utinam Sextus beatus sit!

b) Utinam ne patriam nostram reliquisset!

c) Utinam hodie quoque prope viveret et habitaret!

2. Partizip Futur Aktiv
9 BE

Aus zwei mach eins! Verbinde die Sätze so wie im Beispiel und übersetze sie danach.

Hector viros fortes collegit. Nam patriam **defendere voluit**.
→ Hector patriam **defensurus** viros fortes collegit.
→ Hektor sammelte tapfere Männer, **um** seine Heimat **zu verteidigen**.

a) Scipio trans mare venit. Nam Carthaginem capere voluit.

→

→

b) Scipio in Africam venit. Nam Poenos poena afficere voluit.

→

→

c) Poeni copias convocaverunt. Nam bellum cum Romanis gerere voluerunt.

→

→

3. Steigerung der Adverbien
6 BE

Bilde die Form des Komparativs (++) oder Superlativs (+++).

a) Augusto imperatore homines (**beate** ++) .... vivebant quam postea. Quando homines (**beate** +++) .... vixerunt?

b) Quam (**celeriter** +++) .... amicum meum visere volo. Nemo me (**celeriter** ++) .... properabit.

c) Omnes multum laborant, ego (**multum** ++) .... laboro, mater mea (**multum** +++) .... laborat.

Gerundium

5 BE

Vervollständige die Sätze, indem du die jeweils zutreffende Form auswählst.

agendi – amando – dicendi – docendi – vivendum

a) Virtus ad beate .... necessaria est.

b) Philosophus saepe in forum iit .... causa.

c) Cicero putabat tempus .... adesse.

d) .... amicos parabis.

e) Romani artem .... a Graecis discebant.

Erweitertes Gerundium

6 BE

Übersetze die folgenden Ausdrücke.

a) tempus nova inveniendi ....

b) ars libros difficiles diligenter legendi ....

c) cupidus versus bene scribendi et recitandi ....

Wer ist es?

7 BE

a) Ich bin ein bekannter Dichter in Rom, reize aber die Älteren gerne in meinen Gedichten. b) Nach dem Willen meines Vaters hätte ich Jurist werden sollen – aber wer hört von seinem Anwalt schon gern Gedichte? Ich kann nämlich nur in Versen reden – und wurde Dichter. c) Ich habe Karthago zerstört – und bin doch nicht recht froh darüber. d) Als Stellvertreter des Kaisers Augustus bin ich politisch aktiv, aber auch als Kunstförderer habe ich mir einen Namen gemacht. e) Ich bin überglücklich, weil Mäzenas mir ein Landgut geschenkt hat. f) Als vir vere Romanus höre ich nicht auf, meine Landsleute vor den Griechen zu warnen, interessiere mich andererseits aber für ihre Kultur. g) Ich habe es geschafft, der berühmteste Anwalt Roms und auch Konsul zu werden, galt aber einst als homo novus.

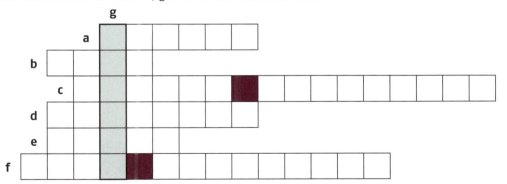

BE	40–35	34–29	28–23	22–17	16–11	10–0
Leistungsstand	sehr gut	gut	befriedigend	ausreichend	mangelhaft	ungenügend

89 Wortschatz

1 Schlag doch im Wörterbuch nach – aber wie?

Um in einem Wörterbuch Verben zu finden, benötigst du deren 1. Pers. Sg. Präs. Akt. Bilde also jeweils die 1. Pers. Sg. Präs. Akt. der folgenden Verbformen und übersetze sie dann:

a) neglexeritis .... e) parcam ....

b) commissa .... f) redierit ....

c) abstulit .... g) praefert ....

d) relicturus .... h) mota ....

neglegēns, entis, *adv.* enter (neg...
sig, sorglos, gleichgültig: in amicis...
rum *T.* **2.** *occ.* verschwenderisch: ad...
neglegentia, ae, *f.* **1.** Nachlässigke...
gung: deûm *L*, sui das Sichgehenla...
neg-legō **3.** lēxī (neglegisset *S*), ...
§ 67) **1.** vernachlässigen, sich nicht kü...
liarem *N*, mandata; mit *inf.* **2.** ni...
schätzen: auctoritatem senatūs, ...
3. übersehen, ungestraft lassen: init...

2 Wortkundig

Finde möglichst viele „Verwandte" zu den folgenden lateinischen Wörtern und übersetze dann alle:

a) **movere** (2 Komposita, 1 Substantiv) b) **beneficium** (1 Verb, 1 Adjektiv, 2 Adverbien, 2 Substantive)
c) **effugere** (Verbum simplex, 1 Substantiv) d) **cupere** (1 Substantiv, 1 Adjektiv) e) **furtum** (1 Substantiv)
f) **humanitas** (1 Substantiv, 1 Adjektiv) g) **adducere** (Verbum simplex, 1 Substantiv)

3 Synonyme

Ordne Wörter bzw. Ausdrücke, die eine ähnliche Bedeutung haben, zu Paaren (z. B. „G7"):

A rapere	B iustus	C abire	D sine vulneribus	E te oportet	F diligere
1 incolumis	2 aequus	3 amare	4 debes	5 discedere	6 auferre

4 Mutter Latein

Was bedeuten die folgenden farbig gedruckten Fremdwörter? Wähle jeweils die richtige Lösung aus und erkläre die Fremdwörter mit Hilfe der ihnen zu Grunde liegenden lateinischen Wörter:

a) Am Limes kann man noch **Relikte** aus der Römerzeit finden.	1 ○	Knochen von Heiligen
	2 ○	religiöse Gegenstände
	3 ○	Überbleibsel
b) Anna ist äußerst **sensibel**.	1 ○	feinfühlig und empfindsam
	2 ○	ohne Einfühlungsvermögen
	3 ○	eine alte Frau
c) Im Urlaub gerieten wir in **Kalamitäten**.	1 ○	nach Süditalien
	2 ○	in Schwierigkeiten
	3 ○	beim Schwimmen in die Nähe von Tintenfischen
d) Der Lehrer weiß, wer in der Klasse geklaut hat. Nun stellt er dem Dieb ein **Ultimatum**.	1 ○	Er nennt ihm einen letzten Zeitpunkt, an dem er sich freiwillig melden kann.
	2 ○	Er teilt ihm einen Ort mit, an den er das Diebesgut zurücklegen kann.
	3 ○	Er droht die höchstmögliche Strafe an.

Formenstaffel

quisque → Gen. → Akk. → Abl. → Dat. → Nom.

Plinius an Paternus

Der Gutsbesitzer Plinius schreibt an seinen Freund Paternus von den Sorgen um seine Sklaven, aber auch von seiner Art, mit Sklaven umzugehen. Markiere und bestimme alle Infinitive. Übersetze dann.

a) Vilicus (Verwalter) mihi narravit multos servos non valere, nonnullos morte nobis ablatos esse. b) Certe scis me istis calamitatibus vehementer permoveri. c) Profecto omnes servos incolumes esse cupio. d) Certe iam accepisti optimum quemque servum a me liberatum esse. e) Spero eos ipsos, quos liberavi, mihi fidem servaturos esse et amicos probos futuros esse. f) Iis, qui in villa mea manent, pecuniam habere et res parvas emere licet. g) Proinde scio servos meos in villa mea numquam furta commissuros esse.

Paternus an Plinius

I. Übersetze zunächst ohne die farbig gedruckten Partizipialkonstruktionen. II. Überlege danach, in welchem zeitlichen und logischen Verhältnis die Partizipialkonstruktionen zur Haupthandlung stehen. III. Füge zum Schluss die Übersetzung der Partizipialkonstruktionen sinnvoll in den Satz ein:

a) Me epistulam tuam legentem et calamitates servorum et dolores tui permoverunt. b) Servi a te liberati certe semper tibi aderunt. c) Negotia parva servis concedens fidem familiae tuae augebis. d) Certe servi in villa tua manentes furtum non committent, si eis licet pecunia a te data res parvas emere. e) Mox ad te veniam mores tuos ipse cogniturus.

Wunderdoktor

I. Klammere jeweils den Ablativus absolutus ein. II. Übersetze dann zunächst ohne Ablativus absolutus. III. Füge zum Schluss die Übersetzung des Ablativus absolutus sinnvoll in den Satz ein.

a) Compluribus servis morbo (Krankheit) laborantibus medicus (Arzt) in villam meam arcessitus est.
b) Illo viro aspero villam intrante nonnulli servi primo putabant magnum periculum sibi instare.
c) Auxilio autem omnibus lato fiducia servorum crevit. d) Nunc cunctis servis bene laborantibus et saepe ridentibus ego quoque laetus sum.

9 Überschrift:

....

Der Philosoph Seneca schreibt an seinen Freund Lucilius:

Libenter ex iis, qui a te veniunt, accepi te familiariter cum servis tuis vivere. Hoc decet[1] virum aequum et sapientem et humanum. Quidam dicunt: „Isti servi tantum sunt." His respondeo:
"Immo homines." Dicunt: „Servi sunt." Ego contra: „Immo amici." Dicunt: „Servi sunt." Ego: „Immo pars familiae." Alii: „Servi sunt." Ego: „Immo con-servi." Cogita enim nos omnes servos eiusdem fortunae esse!

Itaque rideo istos, qui – summa superbia permoti – turpe existimant una cum servo cenare. Dominus quidam cenat plus quam venter[2] suus capit, at infelicibus servis verba minima dicere non licet. Tussis[3] quoque poena afficitur. Convivio confecto servi nocte non quiescunt, quia dominum tegunt. Sic accidit quondam, ut ii servi, quibus dominum appellare non permittitur, de domino famas turpes narrent.

At illi, qui sine metu cum domino vivunt, parati sunt periculum ultimum domino instans in suum caput avertere.

[1]decet *m. Akk.* es gehört sich für jdn. [2]venter, tris *m* Bauch [3]tussis, is *f* Husten

Aufgabe 1
Unterstreiche alle Infinitive und markiere alle Partizipien farbig. Übersetze dann den Text und gib ihm eine passende Überschrift.

Aufgabe 2
Der Christ Paulus schreibt in einem seiner Briefe:
Unusquisque[1] enim, qui in Christum baptizatus est[2], Christum induit[3]: Non est Iudaeus neque Graecus, non est servus neque liber, non est masculus[4] et femina. Omnes enim vos unus estis in Christo Iesu.

[1]ūnusquisque ~ omnis [2]baptizāre in taufen auf
[3]induere anziehen [4]masculus Mann

a) Wo findest du Gemeinsamkeiten, wo Unterschiede zwischen dem Seneca-Text und dem Zitat aus dem Paulusbrief?
b) Der Nicht-Christ Seneca wird mitten unter christlichen Heiligen im Chorgestühl einer Kathedrale dargestellt. Überlege, wie es zu dieser Ehrung gekommen sein kann.

Porträt des Philosophen Seneca im Chorgestühl des Ulmer Münsters. 15. Jh.

90 Wortschatz

Irrläufer

Markiere jeweils das Wort, das nicht in die Reihe passt, und begründe deine Entscheidung.

a) ultimus – proximus – maximus – optimus – decimus – minimus

b) praeter – procul – propter – apud – post – contra – intra – extra

c) pudor – amor – dolor – gaudium – metus – manus

Wortkundig

Ordne die Wörter, die eine ähnliche Bedeutung haben, zu Paaren (z. B. „H8"):

A vereri	B timor	C aedes	D putare	E homo	F tueri	G nam
1 enim	2 reri	3 mortalis	4 metus	5 conservare	6 timere	7 domus

Mutter Latein

Erkläre die folgenden Fremdwörter, indem du die ihnen zugrunde liegenden lateinischen Wörter angibst.
Beispiel: Defensive → defendere → Verteidigung

a) effektiv b) vital c) turbulent d) deponieren e) Dozent f) suspekt g) Tutor

Sprachgewandt

Die Adjektivendung **-osus** drückt aus, dass etwas in Fülle vorhanden ist; zum Beispiel: periculosus: periculum → voller Gefahren / gefährlich. Erschließe die Bedeutung der folgenden Adjektive mit Hilfe der dir bekannten Substantive. Verwende dabei die deutschen Suffixe *-voll*, *-reich*, *-ig*, *-isch* und *-lich*.

a) perniciosus b) ventosus c) invidiosus d) dolorosus e) dolosus f) aquosus g) pretiosus

Tüftelarbeit!

Stelle aus den folgenden Buchstabenhaufen lateinische Vokabeln her. Helfen kann dir dabei jeweils das neben ihnen stehende lateinische Wort, das das Gegenteil ausdrückt.

a) PRINCESIE	↔ salus	f) SERVU	↔ falsus
b) ROMS	↔ vita	g) REURAC	↔ neglegere
c) BAUSTE	↔ miser	h) ROMIT	↔ audacia
d) UMUNMQA	↔ semper	i) SILIMONUC	↔ violatus
e) RUCOLP	↔ prope		

6 Formvollendet

Setze die fehlenden Buchstaben ein und übersetze dann die vollständigen Verbformen.

a) arbitr___bantur   b) verebo___   c) suspicati e___tis
d) precare___ini   e) tuer___!   f) ratus___rat   g) morati e___ent

7 Versprochen ist versprochen!

Bilde zu jeder Form von **promittere** die entsprechende Form von **polliceri**.

a) promittit ....   d) promittebamus ....
b) promisi ....   e) promisisse ....
c) promitterem ....   f) promittatis ....

8 Formenklauberei

V-OR-sicht V-OR dem Wortende –OR. Sortiere die Formen in die richtigen Körbe ein:

a) dolor b) melior c) impellor d) furor e) tueor f) fateor g) mercator h) facilior i) tutior j) minor
k) imperator l) incendor m) fortior n) moror o) permoveor p) suspicor

9 Wer die Wahl hat …

Entscheide jeweils, welche Verbform passt, und übersetze dann:

a) Calpurnia: „Dei nobis auxilium (**promissi sunt / polliciti sunt**). b) Itaque dei a me non (**timentur / verentur**). c) Semper dei a me (**precantur / orantur**), ut ab iis (**tueamur / servemur**)." d) Nicodemus: „Epicurus philosophus (**arbitratur / putatur**) deos res humanas non curare. e) Praeterea Epicurus (**ratus est / existimatus est**) sacerdotes res falsas de deis narrare."

Epikur. Marmorbüste aus dem 3. Jh. v. Chr. Rom, Musei Capitolini.

Wie ist die Welt entstanden?

Die Frage nach der Entstehung der Welt beantworteten im 4. und 5. Jahrhundert vor Christus die griechischen Philosophen Leukipp und Demokrit mit der sogenannten Atomlehre. Der christliche Schriftsteller Laktanz kritisierte diese Lehre heftig:

Nonnulli philosophi omnia e multis corpusculis[1] facta esse arbitrantur. Ego reor eos homines istis philosophis credentes stultos esse. Nam cum terram et caelum et homines et bestias tuemur, ista
3 corpuscula minima videre non possumus. Unde illa corpuscula incedunt? Quis fateri potest se ea corpuscula umquam aut vidisse aut sensisse? Num Leucippus, qui erat huius sententiae auctor, solus oculos habuit, solus mentem? Suspicor istum virum res falsas docuisse. Palam enim protulit
6 illa corpuscula casu iungi. Omnia sidera, omnia animalia, omnia maria, ut iste ratus est, ex illis corpusculis iunctis constant.
Ego vero haec fateor et vos precor, ut hanc sententiam, quam nunc memorabo, veram aestimetis:
9 Deus solus omnia, quae et in terra et in caelo et in mari morantur, creavit. Praeterea Deus nos tuetur et semper tuebitur, ut nobis pollicitus est.

[1] corpusculum Atom

Aufgabe 1
Markiere alle Deponentien im Text und versuche mit ihrer Hilfe die Grundaussagen des Textes zu erschließen. Übersetze dann den Text.

Aufgabe 2
Stelle anhand der im Text genannten Begriffe die Theorien des Leukipp und des Laktanz einander gegenüber.

Leukipps Theorie	Laktanz' Theorie

Aufgabe 3
Leukipp meets Lego. Nimm einmal an, die im Text erwähnten corpuscula sähen aus wie Legobausteine. Wenn du solche noch besitzt, versuche mit ihrer Hilfe Leukipps Theorie zu veranschaulichen.

91 Wortschatz

1 Bitte nicht verwechseln!

Unterscheide genau:

a) fere – ferre b) capere – carpere c) queri – quaerere d) dolore – dolere e) moliri – morari
f) debere – delere g) erras – eras h) dicere – ducere

2 Wortkundig

Erschließe die Bedeutung der folgenden Adjektive und Substantive:

a) experiri	expertus (Adj.)	experimentum (Subst.)
b) queri	querulus (Adj.)	querela (Subst.)
c) pati	patiens (Adj.)	patientia (Subst.)

3 Sachfeld „Freizeit – Arbeit"

Übersetze die folgenden Ausdrücke und ordne sie den Sachfeldern **otium** und **negotium** zu:

otium	negotium

a) causas agere b) cum amicis de amicitia loqui c) voluptatibus se dare d) fabulis sensus delectare
e) communi saluti consulere f) magnas opes sibi parare g) libros philosophorum legere

4 Mutter Latein

Ergänze die Beschreibungen und notiere am Ende des Satzes das lateinische Verb im Infinitiv:

a) Ein angriffslustiger Mensch kann auch mit dem Wort .... bezeichnet werden.

(vgl. lat.: ....)

b) Ein Querulant.................................... über fast alles. (vgl. lat.: ....)

c) Wer gerne Versuche im Labor macht, ist wohl ziemlich .... freudig.

(vgl. lat.: ....)

Grammatik

5 Formenkundig

Bilde zu jeder Form von **movere** die entsprechende Form von **moliri**:

a) movisti

b) movebimus

c) movisse

d) moverem

e) moveram

f) move

g) movetis

h) moveant

6 Fragen oder Klagen?

Wähle jeweils die richtige Verbform aus und übersetze dann den ganzen Satz:

a) Pater Calpurniae numquam officia sua (**quaeritur** / **queritur**).

b) Saepe homines calamitatem (**quaerentes** / **querentes**) ei in viis urbis occurrunt.

c) Haud raro homines ex illo viro consilium (**quaerunt** / **queruntur**).

d) Non solum magnas opes, sed etiam summam gloriam (**quaerit** / **queritur**).

e) Scimus autem Calpurniam filiam vitam patris (**quaesivisse** / **questam esse**).

7 Sprachkundig

Übersetze und ordne den Sätzen a) – h) die folgenden Fachbegriffe zu, indem du den jeweils zutreffenden Buchstaben hinter die Sätze schreibst:

A Prohibitiv – **B** erfüllbarer Wunsch in der Gegenwart – **C** erfüllbarer Wunsch in der Vergangenheit – **D** unerfüllbarer Wunsch in der Gegenwart – **E** unerfüllbarer Wunsch in der Vergangenheit – **F** Jussiv – **G** Hortativ – **H** Imperativ

a) Calpurnia: „Utinam ne pater hodie causas ageret! → ▢ b) Nollem pater iam ante lucem domum reliquisset! → ▢ c) Utinam ne scelerati patrem in tenebris noctis aggressi sint! → ▢ d) Velim mox e foro redeat!" → ▢ e) Nicodemus: „Ne questa sis, Calpurnia! → ▢ f) Loquamur cum patre, cum e foro redierit! → ▢ g) Hodie pater tecum tempus agat! → ▢ h) Nunc studiis te da!" → ▢ i) Calpurnia cum Nicodemo, cui credit, diu locuta est. j) Mores patris questa est. k) Tum Nicodemus Calpurniae consilia, quae pater molitur, ostendit. l) Denique Calpurnia Nicodemum, quocum libenter locuta est, in bibliothecam abeuntem secuta est.

Stadtleben – Landleben

Quondam rusticus[1] virum urbanum[2] accepit, vetus hospes[3] veterem amicum. Rusticus, qui paucis rebus contentus[4] in tecto parvo vitam duram agebat, multa moliebatur, ut amicum delectaret:
3 Cicerones, acina arida, lardum[5] celeriter afferebat. „Experire eos cibos per aestatem carptos et collectos! Otio te da! Loquamur de vita tua et de vita mea!"

Vir autem urbanus cibos magno studio ab hospite allatos oculis superbis aspexit, ore superbo tetigit,
6 manu superba reppulit. Tandem dixit: „Profectone te iuvat hic morari? Sequere me in urbem! Tibi polliceor vitam dulciorem, verum otium."

Rusticus illis verbis excitatus amicum consecutus est. Cum media nocte domum praeclaram inces-
9 sissent, vir urbanus convivium parari iussit. Amicos magna cupiditate cenantes subito vir ignotus aggressus est. Iste gladio amicis instans clamavit: „Praebete mihi omnes opes, quae in hac domo conditae sunt!" Certe ambo ab isto fure interfecti essent, nisi eis contigisset pedibus celerrimis
12 effugere.

Rusticus autem fassus est: „Otium tuum pati non possum. In tectum meum montanum[6] redibo. Ibi nemo opes meas appetet."

[1]rūsticus Bauer [2]vir urbānus Städter, Stadtmensch [3]hospes, itis *m* Gastfreund, Gastgeber [4]contentus, a, um zufrieden [5]cicerōnēs, acina ārida, lārdum Kichererbsen, Rosinen, Speck [6]montānus *hier:* in den Bergen

Aufgabe 1
Markiere alle Deponentien im Text. Übersetze dann den Text ins Deutsche.

Aufgabe 2
Träume vom glücklichen Leben. Welche Schwerpunkte setzt der Bauer, welche der Städter, welche setzen die auf dem Gemälde dargestellten Personen? Wo findest du Unterschiede, wo Gemeinsamkeiten?

Pieter Breughel d. Ä.:
Das Schlaraffenland.
Um 1530. München, Alte Pinakothek.

92 Wortschatz

1 Meinungsvielfalt

Suche die sieben Infinitive von Verben mit der Bedeutung „meinen" und notiere sie in der rechten Spalte:
2 × →; 1 × ↑; 1 × ↓; 3 × ←

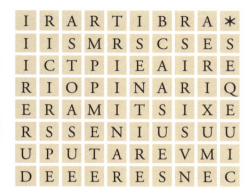

I	R	A	R	T	I	B	R	A	∗
I	I	S	M	R	S	C	S	E	S
I	C	T	P	I	E	A	I	R	E
R	I	O	P	I	N	A	R	I	Q
E	R	A	M	I	T	S	I	X	E
R	S	S	E	N	I	U	S	U	U
U	P	U	T	A	R	E	V	M	I
D	E	E	E	R	E	S	N	E	C

1.
2.
3.
4.
5.
6.
7.

Die nicht verwendeten Buchstaben ergeben jeweils von oben nach unten gelesen einen Lösungssatz:

2 Mutter Latein

Erkläre die folgenden Fremdwörter. Gib dabei jeweils das lateinische Ursprungswort an, das diesen Fremdwörtern zugrunde liegt, z. B.: *to move* → *movere* → bewegen

a) *opinion* b) *fountain* c) *spirit* d) *exstinguish* e) *mortal*

3 Streichkonzert

Streiche in jedem Satz das Verb, das nicht passt. Übersetze dann jeden Satz in den drei übrigen Varianten:

a) Calpurnia libenter in bibliotheca (conatur / sedet / moratur / versatur).
b) Nicodemum magistrum (miratur / moritur / audit / sequitur).
c) Cum Nicodemo libros philosophorum (colloquitur / intuetur / quaerit / componit).
d) Nicodemus (opinatur / contendit / versatur / dicit) animam immortalem non esse.
e) Calpurnia (timet / veretur / metuit / proficiscitur), ne dicta Epicuri vera sint.

4 Sprachgewandt

Das Verb *oriri* hat noch mehr Bedeutungen, als du gelernt hast. Übersetze mithilfe der folgenden Bedeutungen: *wächst – kommt auf – bricht herein – entspringt – stammt ab – entsteht – geht auf – beginnt.*

a) Clamor oritur. b) Ventus oritur. c) Fons oritur in monte. d) Sermo oritur. e) Sol oritur. f) Caesar a regibus ortus est. g) Nox oritur. h) Arbor oritur.

5 -ND- gut, (fast) alles gut!

a) Calpurnia in bibliothecam properat ad legendum.

b) Nemini licet Calpurniam in legendo turbare.

c) Cupida enim est naturam animae experiendi.

d) Etiam Nicodemum rogando multum experitur.

e) Caelum intuendo Calpurnia et Nicodemus naturam rerum cognoscere cupiunt.

f) Et a Nicodemo et a Calpurnia via naturam cognoscendi quaeritur.

g) Iterum atque iterum quaerendo Thales quoque verum invenire conabatur.

6 Noch alles OK mit dem PC?

Markiere zunächst alle Partizipien. Übersetze dann den Text. Zuvor aber noch ein paar kleine Hilfen:
Das Zeitverhältnis in den Sätzen **a) – c)** ist **gleichzeitig**, in den Sätzen **d)** und **e)** ist es **vorzeitig**.
Für die Sätze **f) – h)** empfiehlt sich die Übersetzung der Partizipien mit „in der Meinung", „aus Angst" bzw. „im Glauben".

a) Barbara Quintum exspectans in foro moratur.

b) Barbarae in foro versanti Gaius occurrit.

c) Dicit: „Quintum in taberna cum amicis colloquentem vidi."

d) Barbara iis verbis commota cum Gaio ad tabernam proficiscitur.

e) Profecto Quintus a Barbara iam diu desideratus in taberna sedet et vinum bibit.

f) Barbara: „Rata te mox venturum esse in foro versabar, Quinte.

g) Tum verita, ne quid mali tibi accideret, Gaium adii.

h) Is salutem tuam mihi curae esse arbitratus me huc duxit. Et tu, quid fecisti?"

Gibt es eine Seelenwanderung?

Vom Philosophen Pythagoras, der davon überzeugt war, dass die Seele unsterblich ist und von einem Lebewesen zum anderen übergeht, ist eine leidenschaftliche Rede überliefert, die er in Kroton (heute Crotone in Unteritalien) vor einem staunenden Publikum hielt:

„O mortales, vos hortor, ne carnem[1] animalium mortuorum cenantes scelus committatis!

3 Certe miramini verba mea. Conabor igitur vobis ostendere, qua ratione adducar ad eam sententiam!

Omnia mutantur, nihil perit. Anima quoque nostra huc et illuc errans
6 tandem corpus alicuius animalis occupat. E corporibus animalium profectus humana in corpora transit inque corpora bestiarum redit – neque umquam solvitur, neque umquam denuo[2] oritur. Cum
9 anima aeterna sit et saepe in aliud corpus transeat, in animalibus etiam anima alicuius amici mortui versari potest. Vereor, ne carnem cenantes animas parentum[3] aut fratrum violemus. Ergo parcamus omnibus animalibus! Ne cenemus cibos nefarios!

12 Naturam intuemini, quae omnia vobis offert. Ratione agite! Ne eos secuti sitis, qui opinantur hominibus tantum animas immortales esse!"

[1]carō, carnis *f* Fleisch [2]dēnuō *Adv.* von neuem [3]parentēs, um *m Pl.* Eltern

Marmorbüste des Pythagoras. 1. Jh. n. Chr. Rom, Musei Capitolini. Die turbanartige Kopfbedeckung erinnert daran, dass Pythagoras in seiner Jugend nach Ägypten und Babylonien gereist sein soll, um bei den dortigen Weisen zu studieren.

Aufgabe 1
Markiere alle Stellen des Textes, an denen du erkennen kannst, dass es sich um eine Rede handelt. Übersetze dann den Text ins Deutsche.

Aufgabe 2
Pythagoras und Thales müssten dir eher aus dem Mathematikunterricht als aus dem Lateinunterricht bekannt sein: Skizziere ihre großen mathematischen Errungenschaften und benenne sie.

93 Wortschatz

1 Gegensätze ziehen sich an!

Finde zu jeder Vokabel das lateinische Gegenteil. Die vorgegebenen Buchstaben erleichtern dir die Aufgabe.

a) privatus ←→ ☐ ☐ b ☐ ☐ ☐ ☐ ☐
b) nasci ←→ ☐ o ☐ ☐
c) stultus ←→ ☐ ☐ p ☐ ☐ ☐ ☐
d) diversus ←→ ☐ ☐ r
e) negotium ←→ o ☐ ☐ ☐ ☐
f) antiquus ←→ ☐ o ☐ ☐ ☐
g) ultro ←→ ☐ ☐ v ☐ u ☐
h) consistere ←→ p r ☐ ☐ ☐ ☐ ☐ i ☐ ☐

2 Witte nicht verbechseln!

Finde jeweils die passende Bedeutung und schreibe ihre Ziffer hinter das lateinische Wort.

a) pars ☐   par ☐   paratus ☐   pare ☐   parum ☐
b) recte ☐   rēge ☐   regi ☐   regni ☐   regio ☐   rēgi ☐
c) mora ☐   mors ☐   moraris ☐   mores ☐   mons ☐

1 TOD   2 TEIL   3 RICHTIG   4 GEHORCHE!   5 ZU WENIG   6 CHARAKTER   7 BERG   8 LENKE!   9 DEM KÖNIG   10 GLEICH
11 BEREIT   12 AUFENTHALT   13 DU HÄLTST DICH AUF   14 GELENKT WERDEN   15 GEGEND   16 DES REICHES

3 Sprachgewandt

a) Notiere zunächst die gelernten Bedeutungen von opus, opera, ops und opus est.
b) Kreuze danach in der Tabelle an, welches der drei Substantive in den Sätzen verwendet wurde, und übersetze die farbig markierten Ausdrücke passend zum Zusammenhang.

	opus	opera	ops	opus est
1 Certe **opera Ciceronis** cognovisti.	○	○	○	○
2 **Magna opera** servi murum augent.	○	○	○	○
3 Multi **opes Croesi regis** mirabantur.	○	○	○	○
4 Quis pauperibus **opem fert**?	○	○	○	○
5 Quid pauperibus **opus est**?	○	○	○	○
6 Severus plurimam **operam** in legibus **ponit**.	○	○	○	○
7 Quondam Carthago urbs **opibus valuit**.	○	○	○	○

Formvolle-ND-et

Bilde passend zum jeweiligen Substantiv Gerundivformen (z. B.: mulier (laudare) → laudanda) und übersetze die so entstandenen Ausdrücke.

a) exemplum (imitari) b) libri (legere) c) res (neglegere) d) virtus (mirari) e) officium (praestare) f) arma (remittere) g) hostes (expellere)

Ausdrucksstark

Finde treffende Übersetzungen für die folgenden Wendungen. Tipp: Hier passen die deutschen Suffixe -lich, -wert oder -bar.

a) libri legendi b) dolor non ferendus c) facta laudanda d) puella amanda e) fabula narranda f) sors non mutanda g) oratio audienda h) vox vix audienda

Dein Einsatz, bitte!

Vervollständige die Wendungen, indem du aus den folgenden Formen des Gerundivs die jeweils passende auswählst. Übersetze danach die so entstandenen Wendungen.

imitandis – reprehendendis – audiendis – agendam – augendas

a) voluptatem capere e fabulis ....

b) ad vitam beatam .... magnas opes quaerere

c) ad opes .... multos labores perferre

d) moribus quorundam philosophorum .... vitam beatam consequi

e) vitiis .... vitam rectam ostendere

Stilsicher!

Lies die folgenden Sätze über berühmte griechische Personen und streiche jeweils die grammatisch falschen Möglichkeiten durch. Übersetze dann den korrekten Satz.

a) Ulixes (Odysseus) celeriter e patria profectus est Troiam (peteret / petiturus / petendam / petendi). b) Hercules ab Eurystheo missus est ad leonem (occidat / occisurus / occidendum / occidendi). c) Orpheus in Tartarum descendit, ut Eurydicam (reduceret / reducturus / reducendum / reducendi). d) Socrates in foro versabatur hominis sapientis (quaerendi / quaesituri / quaereret / quaerendorum) causa. e) Quidam philosophi et opes suas et domum suam reliquerunt bene (victuram / viveret / vivendam / vivendi) causa.

Porträt des Sokrates auf Raffaels Gemälde „Die Schule von Athen". 1511. Rom, Vatikan.

8 Karriere als Last?

Pomponius, ein vornehmer und vielbeschäftigter Römer, zieht sich gerne auf sein Landgut in den Sabinerbergen, unweit von Rom, zurück und genießt es, mit benachbarten Bauern zu plaudern, die ihrerseits begierig sind, vom schicken Leben in der Hauptstadt zu hören.

Pomponius: „Quam beatus sum, ubi ex urbe in montes profectus sum! Hic nec malae operae nec caelum grave me perdunt. Hic locum ad quiescendum idoneum invenio; e sideribus tuendis voluptatem capio, cibis simplicibus[1] utor, deis par sine curis vitam privatam ago."

Titus: „Non intellego, cur ultro ad nos venias, cum in urbe et viris nobilissimis utaris amicis et ad convivia praeclarissima voceris?"

Pomponius: „Ne species te fallat! Cum nobili genere natus essem, pater mihi praecepit, ut exempla maiorum imitarer, in causis agendis versarer, summos honores peterem, negotia publica agerem. In urbe clientes[2] auxilium petentes iam prima luce me excitant, in viis me impediunt, ne progrediar, me ad convivia nocturna vocant, e quibus voluptatem non capio, sed cupiditatem quam celerrime in montes ad amicos veros proficiscendi."

[1] simplex, simplicis einfach [2] cliēns, ntis *m* der Schutzbefohlene

Aufgabe 1
Übersetze den lateinischen Text ins Deutsche.

Aufgabe 2
a) Suche jeweils eine passende Überschrift für die beiden Abschnitte des Textes (Z. 1–5 und Z. 7–10).
b) Pomponius träumt davon, sein Leben deis par sine curis zu verbringen. Welches philosophische Konzept steckt hinter dieser Formulierung?

Aufgabe 3
Im Jahre 1745 begann der preußische König Friedrich der Große (1712-1786) einen Weinberg auf dem „Wüsten Berg" bei Potsdam anzulegen. Kurz darauf wurde dort ein „Lusthaus" erbaut, an dessen Südfront der Name *Sanssouci* (franz. *sans souci* „ohne Sorge") steht. Die Abgeschiedenheit und Stille waren mitbestimmend bei der Wahl des Standortes für dieses Sommerschloss. Der Name *Sanssouci* entspricht Pomponius' Traum vom idealen Leben. Suche im Übersetzungstext die lateinische Entsprechung für das französische *Sanssouci*.

Kreuzadverbrätsel

Ergänze das Kreuzworträtsel mit den lateinischen Bedeutungen.

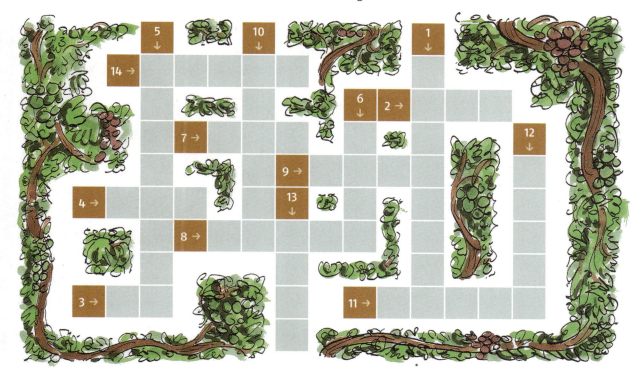

waagrecht: 2 schon – 3 jedoch – 4 lange – 7 bald – 8 freiwillig – 9 beinahe – 11 in der Nähe – 14 oft

senkrecht: 1 gern – 5 selbstverständlich – 6 wirklich – 10 von fern – 12 richtig – 13 damals

Wortkundig

Wiederhole bzw. erschließe jeweils ausgehend von der in der Klammer angegebenen Bedeutung des farbig gedruckten Verbum simplex die Bedeutung der Komposita.

a) mittere (schicken / lassen): admittere – amittere – permittere – promittere – remittere

b) fateri (bekennen): confiteri

c) capere (fassen / nehmen): accipere – incipere – suscipere – recipere

d) gradi (schreiten / gehen): aggredi – ingredi – regredi – progredi – egredi

Mutter Latein

Erschließe mit Hilfe deiner Lateinkenntnisse die Aufschrift auf dem nebenstehenden italienischen Schild:

Hilfe: *ai non addetti* ~ für die nicht Beteiligten

4 Dein Einsatz, bitte!

Vervollständige die Rede von Calpurnias Mutter mit den folgenden Buchstaben und übersetze.

SUNT – DA – AE – EST – NON – NDA – NDI – A

a) „Tibi mult.............. operae suscipiendae sunt.

b) Tibi mensa ornanda..............

c) Mihi cura domus remitte.............. non est.

d) Mihi liberi ale.............. sunt.

e) Tibi officia tua neglegenda.............. sunt.

f) Tibi auctoritas maiorum tuen.............. est.

g) Mihi servi instruendi..............

h) Tibi consili.............. mea sequenda sunt."

Römische Wandmalerei. 1. Jh. v. Chr. Neapel, Museo Archeologico Nazionale.

5 Formenkundig

Markiere rot das Gerundium, gelb das attributiv gebrauchte Gerundiv, blau das prädikativ gebrauchte Gerundiv und grün den Dativus auctoris. Übersetze dann.

a) Calpurnia: „Cur nos feminae ad parendum et pariendum natae sumus? b) Cur causae vobis agendae sunt? c) Haec sors non mutanda mihi odio est. d) Cur haec sors mutanda non est? e) Tanta cupiditate res utiliores faciendi moveor!"

6 Sprachkompetent

Entscheide, welche Aussage(n) jeweils dasselbe bedeuten und kreuze sie an:

a) Liberi matribus laudandi sunt.	1	Matres liberos laudare debent.
	2	Liberis licet matres laudare.
	3	Matres liberos laudare oportet.
b) Officia neglegere non debes.	1	Officia tibi praestanda sunt.
	2	Officia neglegere tibi licet.
	3	Officia a te neglegi debent.
c) Liberis vinum bibere non licet.	1	Liberis vinum bibendum non est.
	2	Vinum liberorum bibere non debemus.
	3	A liberis vinum bibi non debet.
d) Exempla maiorum imitari debemus.	1	Nos exempla maiorum imitari oportet.
	2	Maioribus exempla imitanda sunt.
	3	Maiorum exempla nobis imitanda sunt.

Eine ideale, aber verzweifelte Mutter

Cornelia war die Mutter der Brüder Tiberius und Gaius Gracchus. Sie vermied es, Aufsehen in der Öffentlichkeit zu erregen. Durch die Erziehung ihrer Söhne im Sinne der römischen Ideale nahm sie aber durchaus Einfluss auf das politische Geschehen. Sie galt dadurch für andere römische Frauen als Vorbild. Im folgenden Brief warnt sie den einen ihrer Söhne, sich allzu sehr auf die Seite des verarmten einfachen Volkes zu stellen. Damit würde er den Frieden in der Republik gefährden.

In epistula tua scribis hostes plebis poena afficiendos esse. Odio tuo autem non solum nobiles, sed etiam totam rem publicam corrumpes. Tum posteris hostis improbus videberis. Nonne cupiditate

3 pacem servandi moveris? Profecto scis, quam viam ingressus sis. Iam diu agitabam, quo modo consilia tua converterem; confiteor autem me adhuc ullam¹ rationem mentis tuae corrigendae² non invenisse.

6 Nemo mihi tantam iniuriam fecit, quantam tu et frater tuus. Tu omnia suscepisti, ut plebem adversus senatores excitares, frater actionibus vehementissimis nobiles reprehendit. Cum mihi et filii et patria curae essent, vos a pueris instruxi civibus Romanis exempla maiorum imitanda esse.

9 Et vos? Num consilia mea secuti estis? Scilicet vobis neque salus rei publicae neque salus matris cordi est.

¹ūllus, a, um irgendeiner, irgendeine, irgendein   ²corrigere verbessern

Aufgabe 1
Markiere alle nd-Formen im Text und bestimme sie. Übersetze dann den Text ins Deutsche.

Aufgabe 2
a) Markiere alle sprachlichen Belege, die darauf verweisen, dass es sich hier um einen Brief handelt. Achte dabei besonders auf Endungen von Prädikaten und auf Pronomina.
b) Suche zwei Substantive und zwei Verben, mit denen Cornelia das Verhalten ihrer Söhne missbilligt.
c) Unterstreiche den Ausdruck, mit dem Cornelia die ideale Einstellung eines Römers zum Staat beschreibt.

Aufgabe 3
a) Wie wird in dieser Skulptur das römische Frauen- und Männerideal zum Ausdruck gebracht? Achte auch auf die Kleidung der dargestellten Personen.
b) Erkläre, warum diese Darstellung der Cornelia zu ihrem Brief passt.

Cornelia und ihre Söhne. Marmorplastik von Pierre Jules Cavelier. 19. Jh. Paris, Musée d'Orsay.

Selbsttest zu den Lektionen 89–94

Bearbeite zunächst die Aufgaben. Vergleiche dann deine Antworten mit den Antworten im Lösungsheft. Dort findest du auch, wie viele Punkte du für jede richtige Antwort erhältst. Zähle die Punkte, die du für deine richtigen Antworten erhalten hast, zusammen und ermittle danach mit der Bewertungstabelle am Ende des Selbsttestes, wie deine Leistung zu bewerten ist.

1 quisque
4 BE

Setze jeweils die richtige Form des Pronomens ein.

a) „Jeder ist sich selbst der Nächste." – Sibi .... proximus est.

b) „Wollen wir jedem das Seine zuteilen!" – Suum .... tribuamus!

c) „Gerade die älteste Freundschaft ist die beste." – Veterrima .... amicitia optima est.

d) „Was einem jeden am liebsten ist, das verteidigt er am meisten." – Quae .... carissima sunt, ea maxime defendit.

2 Partizip
8 BE

Setze jeweils das passende Partizip ein.

a) Graeci Delphos (Delphi) petere consueverunt oraculum (Orakel) .... (**adire**).

b) Homines Delphos .... (**pervenire**) sperabant se sortem suam audituros esse.

c) Oracula (Orakelsprüche) a sacerdote Apollinis .... (**accipere**) saepe intellecta non sunt.

d) Saepe homines sortem a sacerdote .... (**aperire**) accipere noluerunt.

3 Ablativus absolutus
6 BE

Erweitere die folgenden Sätze jeweils um den passenden Ablativus absolutus.

A Orpheo vehementer precante **B** Orpheo mire cantante **C** Orpheo Tartarum ingrediente
D Sole oriente **E** Eurydica interfecta

a) .... dolor magnus Orpheum incessit.

b) .... Orpheus in Tartarum profectus est.

c) .... inferi primo aequum animum ostendebant.

4. Ersetze jede Form von metuere durch die entsprechende von vereri. — 5 BE

a) metues ....
b) metue ....
c) metuenti ....
d) metuisse ....
e) metuunt ....

5. Gerundium und attributives Gerundiv — 12 BE

Vervollständige die Sätze, indem du aus dem Kasten die jeweils richtige Form auswählst:

> **1** intuendis **2** experiendi **3** reprehendendum **4** imitando **5** colligendis **6** intuendorum

Der Philosoph Diogenes erklärt:

a) „Primo in forum veni mores hominum .... causa.

b) Hic mihi tempus est hominum ....

c) Hominibus .... haec cognovi:

d) Pudor homines non retinet ab opibus ....

e) Vitam canis (eines Hundes) .... animos multorum hominum permoveo.

f) Haud raro mercatores aggrediuntur ad me verbis acribus .... "

6. Prädikatives Gerundiv — 5 BE

Ergänze jeweils das prädikative Gerundiv.

a) Multitudo .... non .... (**imitari**).

b) Ira philosopho .... (**deponere**).

c) Iniuriae .... non .... (**ferre**).

d) Vitia .... (**persequi**).

e) Nemo ante mortem beatus .... (**dicere**).

BE	40–35	34–29	28–23	22–17	16–11	10–0
Leistungsstand	sehr gut	gut	befriedigend	ausreichend	mangelhaft	ungenügend

95 Wortschatz

1 Familienbande

Ergänze den Text sinnvoll mit den folgenden Verwandtschaftsbezeichnungen:

liberos – soror – fratribus – servis – nepos – uxor – pater – pater familias – filii – filia – avo – mater

a) Marcus Iulius Salvus senator .... est. b) Familia constat e consanguineis (Blutsverwandte) et .... c) Flavia est .... Iulii. d) Ei tres .... peperit. e) .... Marcus et Lucius nominantur. f) .... eorum Iulia vocatur. g) .... Iuliam imprimis amat, quia .... sola est. h) Praeterea Iulia iam .... est: i) Nam Gaium peperit, qui primus .... Marci Iulii Salvi est. j) Is non solum ...., sed etiam Marco et Lucio, ... Iuliae, maximae curae est.

2 Mutter Latein

Übersetze die folgenden farbig gedruckten englischen Wörter. Gib dabei jeweils das lateinische Ursprungswort an, das diesen Wörtern zugrunde liegt.

	lat. Ursprungswort	Übersetzung
a) CD-Player-Taste: **eject**		
b) „O.k., there is no **objection** to it."		
c) „No, I'm sorry, I have to **reject** your proposal (Vorschlag)."		

3 Sprachkundig

Die folgenden Fremdwörter sind vom lateinischen Gerundiv abgeleitet. Erkläre ihre Bedeutung.
Tipp: Denke an den Aspekt der Notwendigkeit!

a) Legende b) Agenda c) Amanda d) Proband

Plan A

Der Senator Mucius hat den folgenden Tagesablauf für sich festgelegt:

a) Nocte: Quiescendum est. **b)** Hora ultima ante lucem: Surgendum est. **c)** I–II: Legendum est. **d)** III–IV: Scribendum est. **e)** V: Corpus exercendum est. **f)** VI–VII: In thermis versandum est. **g)** VIII: Cum amicis domum redeundum est. **h)** IX–XI: Cenandum et bibendum est. **i)** XII: De crastinis (morgig) negotiis cogitandum est.

Plan B

Für seine Familie hat der Senator Mucius Folgendes festgelegt:

a) Liberis discendum est. **b)** Uxori primo convivio prospiciendum est, tum servis imperandum est. **c)** Servis quiescendum non est. **d)** Eis ad forum properandum est, ubi omnia ad cenam necessaria paranda sunt.

Testamentseröffnung

Damit du erfährst, was Mucius seinem Enkel Titus als letzten Willen übergibt, musst du zunächst die Gedanken des Mucius so ordnen, dass sinnvolle Sätze entstehen. Übersetze dann die Sätze.

Tibi trado …

A rem familiarem	B libros	C vineas	D servos
1 liberandos	2 curandas	3 legendos	4 augendam

Große Verantwortung

Mucius übergibt seinen Enkel Titus zusammen mit einem Brief in die Obhut seines alten Freundes Lucius.

a) Ergänze die Endungen des Gerundivums nach den Regeln der KNG-Kongruenz und übersetze:

b) Bestimme die Form discendi.

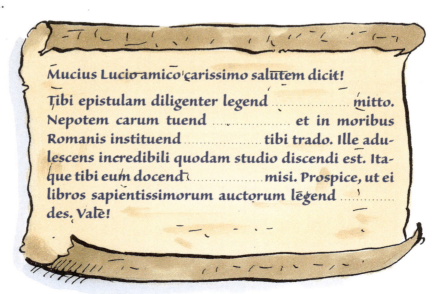

Mucius Lucio amico carissimo salutem dicit!

Tibi epistulam diligenter legend......... mitto. Nepotem carum tuend......... et in moribus Romanis instituend......... tibi trado. Ille adulescens incredibili quodam studio discendi est. Itaque tibi eum docend......... misi. Prospice, ut ei libros sapientissimorum auctorum legend......... des. Vale!

8 Viel zu tun in Stadt und Land

Lucius, der Freund des verstorbenen Mucius, informiert dessen Enkel Titus über die Pflichten eines Hausherrn (pater familias) in der Stadt und auf dem Landgut.

Lucius Tito suo salutem dicit!

Libenter audivi te omnia negotia urbis bene agere. Sic nomen gentis tuae tueberis, sic gloriam maiorum augebis. Sed tene memoria tibi etiam ruri multa officia perficienda esse. Nam haec quoque ad rem familiarem servandam pertinent.

Ubi ad villam venisti, primo tibi Lares[1] salutandi sunt, deinde villa circumeunda[2] est. Postea cum vilico[3] colloquendum diligenterque probandum est, an facta sint ea, quae ei facienda erant. Si omnia bene facta sunt, vilicus laudandus est, alioquin[4] monendus est. Neque vero eiciendus est minoribus peccatis[5] commissis.

Servi quidem tibi subiciendi sunt, neque vero crudeli poena afficiendi sunt. Per omne tempus, quo in villa versaberis, prospice, ut familia potentiam tuam sentiat.

Nonnullis diebus ruri actis vide, ut domum redeas! Tibi enim in foro agendum est, ubi acies animi et artes tuae reliquae desiderantur.

Spero te consilio meo instructum omnia bene facturum esse, quae patri familias facienda respiciendave sunt. Vale!

[1]Lārēs, um *m Pl.* Hausgötter [2]circumīre, circumeō um etw. herumgehen [3]vīlicus Verwalter [4]aliōquīn *Adv.* andernfalls [5]peccātum Fehler

Aufgabe 1
Unterstreiche die Verbformen, die verdeutlichen, dass der Text von dem berichtet, was der pater familias tun muss. Übersetze dann den Text ins Deutsche.

Aufgabe 2
Bestimme, um welche Textsorte es sich handelt. Belege deine Aussage am Text.

Aufgabe 3
Ordne die Abbildung einer der im Text genannten Aufgaben eines pater familias zu.

Bronzestatuette eines Laren. Gefunden in Weißenburg (Bayern). Um 200 n. Chr. München, Archäologische Staatssammlung.

96 Wortschatz

1. Pärchenbildung
Bilde Gegensatzpaare.

amor – maiores – maritus – exstinguere – multi – parum – ridere – maior – posteri – uxor – accendere – minor – flere – odium – nimium – pauci

2. Bestimmungslos
Unterscheide die folgenden unbestimmten Fürwörter (Indefinitpronomina).

a) (non)nulli, ae, a **b)** omnis, e **c)** ceteri, ae, a **d)** quidam, quaedam, quoddam **e)** aliquis, aliquid **f)** quisquis, quidquid **g)** quicumque, quaecumque, quodcumque **h)** plurimi, ae, a

3. Orientierungssinn
Ordne die folgenden Ortsangaben richtig ein.

a) Romam **b)** unde **c)** in Creta **d)** ex urbe **e)** Romae **f)** ubi **g)** in Italiam **h)** ruri **i)** domum **j)** quo **k)** e Graecia **l)** domi **m)** de caelo

woher?	wo?	wohin?

4. Wortfeld „ius"
Übersetze die dir bekannten Wörter und erschließe die dir unbekannten (farbig gedruckten) Wörter:

a) iudex

b) iudicare

c) ius

d) iniuria

e) iustus

f) iurare

g) coniuratio

h) iustitia

i) iniustus

j) coniurator

5. Redegewandt
Übersetze die folgenden Wendungen.

a) multa promittere **b)** nihil permittere **c)** aes alienum remittere **d)** vitam amittere **e)** neminem ad se admittere **f)** scelus committere **g)** libros remittere **h)** pecuniam committere

6 Formvollendet

Bilde die verlangten Formen von **quicumque**.
Beispiel: Abl. Sg. *f*: [?]cumque → **qua**cumque

a) Abl. Sg. *n* .... cumque   d) Nom. Sg. *n* .... cumque

b) Gen. Pl. *f* .... cumque   e) Dat. Sg. *m* .... cumque

c) Akk. Sg. *m* .... cumque   f) Akk. Pl. *f* .... cumque

7 Großes Vorbild!

a) Quodcumque fecisti, ego quoque faciam.

b) Cuicumque adfuisti, ego quoque adero.

c) Quemcumque reprehendisti, ego quoque reprehendam.

d) Cuiuscumque facta laudavisti, eius facta ego quoque laudabo.

e) Quacumque in terra moratus es, ego quoque morabor.

f) Quicumque tibi curae fuit, mihi quoque curae erit.

8 Gesucht und gefunden!

Wenn du die Genitive unterstreichst und dann der Reihenfolge nach die Anfangsbuchstaben liest, wirst du die Bezeichnung einer würdigen römischen Ehefrau und Mutter finden.

flammis – motus – cordi – actionis – turbae – coniugi – rei familiaris – licentiam – nepoti – iudiciis – ordinis – nimis – nimiae – domi – aetatis – patri

9 Fallstudie

Unterscheide jeweils die Verwendungen des Genitivs und übersetze.

a) auctoritas **senatorum** – pars **senatorum**   b) numerus **liberorum** – mater **liberorum**   c) studium **veri** – nihil **veri**   d) nimium **libertatis** – spes **libertatis**   e) dignitas **mulierum** – multitudo **mulierum**   f) Quid **novi**? – cupidus **pecuniae**

10 Sprachgewandt

Übersetze die folgenden Sprichwörter:

a) Quidquid agis, prudenter (klug) agas et respice finem!

b) Quidquid id est, timeo Danaos (~ Graecos) et (~ etiam) dona ferentes.

c) Quisquis amat, valeat! Pereat, qui nescit amare!
   Bis tanti (gleich zweimal) pereat, quisquis amare vetat!

Männer

Claudia und Licinia unterhalten sich:

Licinia: Ira maiorum accensa sum. Nam quodcumque reprehendimus, illi instituerunt. Profecto enim statuerunt, ut viris nimium licentiae, nobis autem parum libertatis esset!

Claudia: Recte dicis. Quodcumque facere volunt, viris licet. Nobis quippe neque magistratus neque iudicium adeundi licentia est. Ad audiendum tantum, non ad agendum admittimur.

Licinia: Ita est. At ecce! Ibi Fulvia venit. Nuper Marco nupsit. Ardeo audire, quae de vita uxorum narrare potest.

Claudia: Salve, Fulvia! E te quaerere volumus, qualis vita uxorum sit.

Fulvia: Nescio vitam et mores maritorum aliorum. Scio autem maritum meum et eum virum bonum aestimo. Nam me diligit, mea verba respicit, mea consilia persequitur. Itaque mihi non solum domi magna potentia est. Restat mihi dicere de illo munere, quod a deis spero: liberos parere.

Licinia: Conicio tibi sortem felicem esse. Nam certe scio magnam partem virorum domi eadem licentia uti qua in vita publica.

Fulvia: Satis verborum de licentia virorum! Quid novi de Terentia?

Aufgabe 1
Unterstreiche in der ersten Hälfte des Textes inhaltliche Anknüpfungspunkte an den Lektionstext 96 T. Übersetze dann den Text ins Deutsche.

Aufgabe 2
a) Bestimme, um welche Textsorte es sich handelt. Belege deine Aussage am Text.
b) Der Text lässt sich in zwei Hälften unterteilen. Wo ist der Einschnitt zu setzen? Begründe deine Aussage am Text.

Aufgabe 3
Betrachte die Abbildung. Warum kann es sich bei der Frau nicht um Fulvia handeln?

Relief auf einem römischen Sarkophag.
2. Jh. n. Chr. Paris, Musée du Louvre.

97 Wortschatz

1 Mitten ins Herz!

Trage jeweils die deutsche Bedeutung ins Herz ein.

a) malle
b) libet
c) potius
d) velle
e) nolle
f) voluptas
g) diligere
h) amare
i) praeferre
j) amor
k) voluntas
l) odium

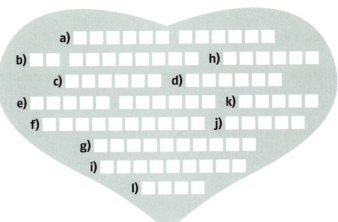

2 Leicht zu verwechseln!

Übersetze die folgenden Wörter und Ausdrücke, die alle mit den Buchstaben **pri-** beginnen.

a) privatus, a, um b) primo c) primum d) primus, a, um
e) prior, prioris f) priusquam g) prima luce h) princeps, principis

3 Ganz im Gegenteil!

Das Präfix **in-** (vor bestimmten Konsonanten auch **im-** oder **ig-**) bringt bei Adjektiven häufig das Gegenteil zum Ausdruck. Was bedeuten also die folgenden Adjektive?

a) infelix, icis b) ingratus, a, um c) incommodus, a, um d) invitus, a, um
e) indignus, a, um f) immortalis, e g) improbus, a, um h) impius, a, um
i) ignotus, a, um j) iniquus, a, um (⟷ aequus, a, um)

4 Fast nicht wiederzuerkennen!

Gib jeweils den Infinitiv Präsens Aktiv und die Bedeutung der folgenden Verbformen an.

	Infinitiv Präsens Aktiv	Bedeutung
a) sustulerunt		
b) ibo		
c) velim		
d) lati sunt		
e) nolam		
f) maluerat		
g) defuerit		

Reine Willenssache

Bestimme genau:

a) noluerunt – nolim – nolles – nolebat – noles – nolueratis – nolumus – non vis
b) mallet – maluisses – malint – malo c) volebam – velletis – volam – velis

Repetitio est mater studiorum.

Bilde die angegebenen Formen der verschiedenen Pronomina:

	is, ea, id	ille, illa, illud	hic, haec, hoc	qui, quae, quod
a) Akk. Sg. *f*				
b) Akk. Sg. *m*				
c) Gen. Sg. *m / f / n*				
d) Dat. Sg. *m / f / n*				
e) Gen. Pl. *m*				
f) Abl. Sg. *n*				
g) Nom. / Akk. Pl. *n*				
h) Akk. Pl. *f*				

Anschluss gesucht!

Markiere jeweils das passende Pronomen und übersetze:

a) Amicae multa verba de lege nova faciunt. (**Quae** / **Quam** / **Qua**) princeps mulieres alicui viro nubere cogit. b) Legem illam reprehendunt. (**Quae** / **Quam** / **Qua**) mulieribus adversa est. c) Terentia amica omne gaudium amisit. (**Quae** / **Cui** / **Quod**) maritus aliam mulierem praetulerat.
d) Amicae de viris quibusdam colloquuntur. (**Quos** / **Quorum** / **Quibus**) nimium libertatis est.

Wichtig, wichtig!

a) Augusti intererat rem publicam restituere. b) Principis interest voluntatem senatorum respicere.
c) Saepe dicebat: „Mea interest consilia vestra cognoscere. d) Nam principis refert rem publicam bene regere."

Beinahe, fast, hätte, könnte, wäre …

Übersetze jeweils den lateinischen Realis.

a) Numquam putavi! b) Meum est orationem facere. c) Longum est hoc narrare.
d) Melius est tacere. e) Paene tempus perdidimus. f) Hoc providere debui.

10 Themenwechsel

Licinia und Claudia reden über das neueste Gesetz des Kaisers Augustus:

Licinia manus ad caelum tollit: „Amica quaedam dixit legem novam principis omnium multum interesse. At eam oportebat istam legem diligentius legere. Ista enim lex principis mulieribus adversa est. Itaque istam iniquam duco."

Claudia: „Rursus de ista lege dicere incipis! Hoc non putavi. Modo ad templum Veneris ire voluisti."

Licinia: „Quod facio una tecum. Sed mea interest in itinere multa dicere de…"

Claudia: „Malo dicere de Cornelia quam de ista lege. Meā enim sententiā magis tua refert exemplum Corneliae, filiae Publii Cornelii Scipionis Africani, victoris Hannibalis, sequi. Quae enim, postquam interrogata est, quae ornamenta ei essent, ‚Haec sunt ornamenta mea!' respondit duo(s) liberos ante se tenens. Quos Tiberio Sempronio Graccho nulla lege cogente pepererat. Quem solum ab ea dilectum esse hoc quoque demonstrat: Cuius post mortem vidua[1] vixit, quamvis nulla lege vetante iterum viro nubere potuisset."

[1] vidua Witwe

Philipp Friedrich Hetsch: Cornelia und ihre Kinder. 18. Jh. Stuttgart, Staatsgalerie.

Aufgabe 1
Markiere zunächst alle relativen Satzanschlüsse im lateinischen Text. Übersetze dann den lateinischen Text ins Deutsche.

Aufgabe 2
„*Cornelia era figlia di Scipione l' Africano, il vincitore di Annibale.*"
Suche für diesen italienischen Satz die lateinische Entsprechung im Übersetzungstext. Worin unterscheiden sich die beiden Sätze?

Aufgabe 3
Identifiziere Cornelia auf dem Bild und begründe mit dem Text, warum nur die oben genannte Szene dargestellt sein kann.

Aufgabe 4
Vergleiche das Gemälde mit der Skulptur auf S. 61. Welche Gemeinsamkeiten, welche Unterschiede erkennst du?

Selbsttest zu den Lektionen 95–97

Bearbeite zunächst die Aufgaben. Vergleiche dann deine Antworten mit den Antworten im Lösungsheft. Dort findest du auch, wie viele Punkte du für jede richtige Antwort erhältst. Zähle die Punkte, die du für deine richtigen Antworten erhalten hast, zusammen und ermittle danach mit der Bewertungstabelle am Ende des Selbsttestes, wie deine Leistung zu bewerten ist.

Worauf ein Lehrer achten muss

Quisquis liberos docere vult, hoc cogitet!

Magistrum oportet cognoscere ingenia eorum, qui ei docendi sunt.

3 Itaque magistro multum temporis conferendum[1] est in experiendo, qui discipuli aut hortando aut reprehendendo movendi sint. Nam metus magistri non omnibus discipulis usui est, sed impedit, ne pars eorum bene discat. Magister neque ea neglegat, quae ei ipsi corrigenda[2] sunt, neque in
6 dictis factisque discipulorum reprehendendis iniquus sit. Denique magistro auxilio parentium[3] opus est. Eis liberi quocumque modo hortandi sunt, ut magistros pariter diligant ac studia.

[1]cōnferre *hier:* verwenden   [2]corrigere verbessern   [3]parentēs, (i)um Eltern

1. Wo im Text findest du *verallgemeinernde Relativpronomina* bzw. *Substantive im Genitivus partitivus*? Unterstreiche die verallgemeinernden Relativpronomina grün, Substantive im Genitivus partitivus blau. 4 BE

2. Im Text findest du viermal einen *Dativus auctoris*. Markiere ihn jeweils farbig im Text. 2 BE

3. Kreuze an, wie oft im Text ein *attributives Gerundiv* verwendet wird.

   1mal ⬤   4mal ⬤   10mal ⬤   1 BE

4. Übersetze den Text in angemessenes Deutsch. 9 BE

5. Kreuze alle Aussagen an, die mit dem Inhalt des Textes übereinstimmen. 4 BE

a) Gute Lehrer müssen die unterschiedlichen Charaktere ihrer Schüler kennen lernen.	⬤
b) Manche Schüler sind durch Ermunterungen gut zur Arbeit zu bewegen.	⬤
c) Angst vor dem Lehrer hat noch keinem Schüler geschadet.	⬤
d) Ein guter Lehrer wird manchmal auch einen Schülerfehler vernachlässigen.	⬤
e) Ein Lehrer ist auch dazu da, die Fehler seiner Schüler zu verbessern.	⬤
f) Die Eltern sollten ihren Kindern Hochachtung vor den Lehrern und vor dem Unterrichtsstoff vermitteln.	⬤

BE	20–18	17–15	14–12	11–9	8–6	5–0
Leistungsstand	sehr gut	gut	befriedigend	ausreichend	mangelhaft	ungenügend

98 Wortschatz

1 Durch-Blick!

Kombiniere die Wortbausteine richtig und übersetze:

a) a-   -ari, or ....

b) con-   ....

c) pro- **spic** -ere, io ....

d) re-   ....

e) su(b)-   -io, onis ....

2 Sachfeld „Wasser, Meer und Seefahrt"

Gib die Begriffe des Sachfeldes lateinisch wieder:

3 Witte nicht verbechseln!

Das Lexikon bietet dir folgende Stichwörter (sog. Lemmata): I. quaero II. quaeso III. queror.
Ordne die farbig gedruckten Formen dem richtigen Stichwort (Lemma) zu:

a) Ne questi sitis! b) Oro quaesoque te, ne queraris. c) Ne quaesiveritis! d) Quare quereris?
e) Quaere, quaeso, magistrum! f) Sunt verba, quae flecti (konjugieren) non possunt, velut „inquam", „quaeso", „aio".

4 Chauffeur oder Passagier?

Bei aktiven Formen von **vehere** bewegst du **etwas / jemanden** fort, d. h. bist du Chauffeur. Bei den passiven (bzw. medialen) Formen von **vehi** hingegen bewegst du **dich** fort, bist du Passagier. Unterscheide genau und übersetze:

a) Homines nave vehis. b) Nave veheris. c) Quare non carro vectus es? d) Nemo carrum vexit.
e) Legati celerius equis vecti sunt. f) Itaque nemo carro vectus est.

Formenvielfalt

a) Ordne die folgenden Verbformen richtig ein:

veherem – vehor – suspicaris – venias – quaesiverim – iuvent – fuero – contendam (2) – persuadeant – vectus essem – vereris – vellem – accuset – potuerim – aggredieris

Indikativ (alle Zeiten!)	Konjunktiv			
	Präs.	Impf.	Perf.	Plusqpf.

b) Setze alle Formen des Konjunktiv Präsens in die entsprechenden Formen des Konjunktiv Perfekt.

Alles Konjunktiv

Übersetze und ordne die farbig markierten Konjunktive richtig in die Tabelle ein.

a) Nemo credat magistrum navis iustum esse. **b)** Utinam tempestas vehemens ne oriatur! **c)** Ne magistros riseritis! **d)** Statim omnes taceant! **e)** Hanc suspicionem fugiamus! **f)** Consilio plus efficias quam ira.

Hortativ	Prohibitiv	Jussiv	Optativ	Potentialis

Sprachkompetent

Übersetze und erkläre den unterschiedlichen Gebrauch der Modi Indikativ und Konjunktiv bei den farbig markierten Verbformen:

a) Discipuli ad magistrum: „Ne id quaesiveris, magister! **b)** Nemo enim id scit. **c)** Nemo enim id sciat. **d)** Nos omnes id sciremus, si verba tua diligenter audivissemus."

„Frauengespräche"

Licinia und Claudia treffen ihre verheiratete Freundin Tullia. Natürlich dreht sich das Gespräch um Männer. Übersetze und achte genauestens auf die Modi / Tempora:

a) Tullia: „Videtisne illum virum, qui ibi stat? Nisi mihi maritus iam esset, ille mihi placeret."
b) Licinia: „Claudiam bene cognovi. Cui ille placeat. Quis hoc dubitet?" **c)** Claudia: „Tace! Nemo hoc tibi crediderit. Illum numquam deligerem. **d)** Sed quid de te, Licinia? Nonne tales viros diligis? An Marcus tibi magis placet?" **e)** Licinia: „Neminem magis laudaverim quam te, si silentium serves." **f)** Tullia: „Si tacuissetis, vos ambae philosophae (!) mansissetis."

Verloren gegangenes Pfand

Während Licinia und Claudia vor der Basilica warten, erlahmt das Gespräch zuerst. Doch dann erinnert sich Claudia an einen Fall, der der „Meeresgeburt" aus der Erzählung des Marcus nicht ganz unähnlich ist:

Claudia: Nunc finem narrandi faciamus! Dicat aliquis feminas nihil agere nisi colloqui.

Licinia: Ego quidem finem facere nolim. Narra, quaeso, aliam causam!

Claudia: Mmh. Haec causa tibi placeat: Magister[1] parvae navis saepe homines per aequor vexit. Sed repente aere alieno oppressus mercatorem quendam oravit, ut sibi pecuniam crederet[2]. Quam cum magister ad diem[3] non redderet, suspicio mercatoris orta est illum pecuniam debitam solvere non iam posse. Tu, Licinia, dicas rem eiusmodi saepissime accidere.

Sed iste mercator magistro imperavit, ne illa nave vehi pergeret. Immo mercator magistrum navem in ripa retinere coegit.

Licinia: Hoc de isto mercatore dixerim: Non humanitas eum impulerit, sed ... avaritia!

Claudia: Audi et cetera! Tempestate repente ortā illa navis ablata est fluctibus aequoris. Quid sentis? Quis cui quid solvere debet?

Licinia: Iudex iudicaverit magistro pecuniam creditam solvendam esse. Sed mercator magistro auxilio venire debeat, ut ille navem novam sibi paret.

[1] magister, trī *hier:* Kapitän   [2] crēdere *hier:* als Kredit geben   [3] ad diem termingemäß

Aufgabe 1
Laut Überschrift geht es im Text um ein Pfand. Suche alle Wörter, die zum Sachfeld „Geld / Schulden / zahlen" gehören. Übersetze dann den Text ins Deutsche.

Aufgabe 2
Ein Rechtsfall ist oft eine vertrackte Angelegenheit. Deshalb ist Vorsicht geboten! Woran erkennst du, dass Licinia und Claudia bei ihren Äußerungen vorsichtig, zum Teil abschwächend formulieren? Sammle die entsprechenden Wörter.

Aufgabe 3
Gib den obigen Rechtsfall in einer modernen Fassung wieder, indem du das kleine Schiff z. B. durch ein Taxi ersetzt. Wie würdest du diesen Rechtsfall dann entscheiden?

Steuermann am Heck eines Frachtschiffes. Römisches Relief. 113 n. Chr. Rom, Museo della Civiltà Romana.

99 Wortschatz

1. Wortkundig

Scisne haec verba? – Scilicet!

a)	S _ _ _ _ _ _	Aufwand, Kosten
b)	C _ _ _ _ _ _	günstig, angenehm, angemessen
c)	I _ _ _ _ _	die Feindseligen
d)	L _ _ _ _ _	Lob (Pl.), Lobsprüche
e)	I _ _ _ _ _	ich erreiche, setze durch
f)	C _ _ _ _	Hals
g)	E _ _ _ _ _	er vertreibt, wirft hinaus
h)	T _ _ _	Heb auf!

2. Keine Zwillinge!

Übersetze und erkläre den Unterschied zwischen **ambo**, **uterque** und **alter … alter**:

a) Ambo liberi eiusdem patris et eiusdem matris sunt. b) Sed uterque alia aetate natus est. c) Alter eorum enim natus est ante Christum natum, alter post Christum natum.

3. An-strengend

Analysiere jeweils die Verwendung von „an" und übersetze:

a) A: „Utrum ego fortior sum an tu es fortior?

b) Quare taces? Respondesne tandem an non?

c) Scire velim, utrum tu fortior sis an ego."

d) B: „Nescio, an fortior sim."

e) A: „An stultissimus es?"

4. Sprachgewandt

Übersetze die folgenden Sprüche rund um **fieri**.

a) Nihil sine causa fit. b) Ex nihilo nihil fit. c) Volenti non fit iniuria. d) Quod tibi fieri non vis, alteri ne feceris! e) Nati sunt poetae, oratores (Redner) fiunt. f) Dixitque Deus: „Fiat lux." Et facta est lux. g) Factum infectum (ungeschehen) fieri non potest. h) Qui fit, ut plerique vitiorum suorum ignari sint?

5 Gestaltwechsel

Wie FIT bist du bei *fieri*? Bilde jeweils die entsprechende Form im Aktiv bzw. Passiv.

Aktiv	Passiv	Aktiv	Passiv
a) facis	→	f) ←	facta sunt
b) ←	fimus	g) efficit →	
c) faciebant	→	h) ←	interficerentur
d) ←	fieretis	i) faciat →	
e) faciemus	→	j) ←	perfectum erat

6 Wortwechsel

Ersetze die farbig markierten Verbformen durch die entsprechende Form von *fieri*. Übersetze dann:

a) Iniuriae ne **committantur**! b) Haec scelera ab illo viro **commissa sunt**. c) Consilium **habetur**. d) In curia saepe consilia **habebantur**. e) Clamor **orietur**. f) Clamores **orti erant**.

7 Verständigungsschwierigkeiten

Der Lehrer gibt den Schülern Anweisungen. Diese tun aber so, als hätten sie nicht genau verstanden, und wiederholen die Anweisungen jeweils als Deliberativ:

Beispiel: Magister: Mihi **parete**! → Discipuli: Quid faciamus? Num **pareamus**?
Was sollen wir tun? Sollen wir etwa gehorchen?

a) Statim mihi **respondete**!

b) Sententiam verborum meorum **cognoscite**!

c) Labores **perferte**!

d) Bono animo **este**!

8 Hin und her gerissen

a) Nescio, an verba Latina repetam. b) Utrum verba Latina repetam an domum relinquam, ut amicas conveniam? c) Amicas conveniam an basilicam petam, ut ornamenta spectem? d) Nihilne agam quam ornamenta spectare an ornamentum pulchrum emam? e) Ornamentum meo sumptu an sumptu patris mihi parem? f) Nunc scio, quid faciam! Verba Latina repetam, ut magister et pater contenti sint. g) Tum mihi sumptu patris ornamentum pulchrum emere licebit.

Nächtlicher Zweikampf

Die jungen Damen haben immer noch nicht genug von Marcus' Rechtsfällen. Sie drängen ihn, einen Fall nach dem anderen zu erzählen:

Marcus: Quid dicam? Iterum atque iterum utraque vestrum[1] me impellit, ut narrare pergam. Sed profecto non iam scio, quid vobis respondeam.

3 **Licinia**: Semper iniuriae fiebant, semper fiunt fientque. Quam ob rem fieri non potest, ut non habeas, quid respondeas.

Marcus: Bene! Fiat voluntas tua! Optatum impetravisti.

6 **Licinia**: Magna laude dignus es, Marce.

Marcus: Tabernarius[2] quidam nocte, ut saepe fit, lucernam[3] ante tabernam posuerat. Quam sceleratus praeteriens abstulit. Sed tabernarius furtum scelerato ignaro animadvertit. Quam ob rem ta-
9 bernarius sceleratum secutus est lucernamque repetebat. Iste autem irascens tabernarium tam vehementer reppulit, ut paene collum eius frangeret. Mox autem alter homo vultu infesto aggreditur sceleratumque ita laedit, ut ille oculum amittat.

12 Postea iste homo nefarius – quis id credat? – tabernarium accusavit. Quid iudex faciat?

Claudia: Iudex quaerat, an tabernarius iste primus aggressus sit. Si minus[4] tabernarius minime in culpa est. Sceleratus ab iudice nihil impetrabit.

[1]vestrum *hier:* Gen. Pl.   [2]tabernārius Wirt   [3]lucerna Lampe   [4]sī minus andernfalls

Aufgabe 1
Unterscheide genau: Wo findest du im obigen Text Konjunktive in der Verwendung eines Deliberativ, wo in der Verwendung eines Potentialis? Gib die Zeilen bzw. Verbformen an. Übersetze dann den lateinischen Text ins Deutsche.

Aufgabe 2
a) Betrachte in Z. 7–12 das Tempusprofil und versuche dadurch Rückschlüsse auf die Abfolge der Handlung zu ziehen.
b) Wie wird in diesen Zeilen das häufige Hin und Her von Aktion und Reaktion deutlich?

Aufgabe 3
Auf dem Bild siehst du die Behandlung eines Kranken durch einen Arzt. Wohin hätte der Verletzte des obigen Textes gehen können, um medizinische Hilfe zu finden? Informiere dich in einem Lexikon oder ggf. im Internet.

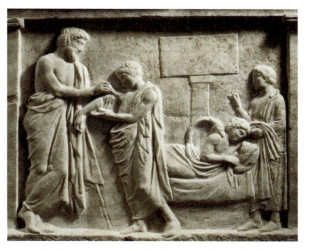

Griechisches Relief. 4. Jh. v. Chr. Athen, Archäologisches Nationalmuseum.

100 Wortschatz

 Memory

Ordne die passenden Paare zu:

1 requirere	B (aus)strecken, spannen, sich anstrengen	4 repetere	I berühren, gelingen	8 continere	9 tendere
E behalten, festhalten, zurückhalten	3 retinere	C sich anstrengen, kämpfen; eilen; behaupten	D aufsuchen, sich erkundigen, verlangen	7 contendere	G ausnehmen, eine Ausnahme machen
A festhalten, enthalten	2 dividere	6 excipere	H (zurück)verlangen, wiederholen	F teilen, trennen	5 contingere

 Wortkundig

a) Übersetze die folgenden Orts- und Richtungsangaben und füge sie in die richtige Spalte ein.

hic – illuc – hinc – quo – istic – eo – huc – illic

Woher?	Wo?	Wohin?

b) Leite nun die folgenden Wörter ab: illinc – istuc – istinc

 Mutter Latein

Erkläre die folgende Aufschrift, indem du alle englischen Wörter, bei denen es möglich ist, auf ihr lateinisches Ursprungswort zurückführst.

....
....
....

100 Grammatik

Aus 2 mach 1! ④

Übersetze zuerst immer links die Version **A** (Satz mit Parenthese), erst dann die Version **B**:

Version A (mit Parenthese)	Version B (verschränkter Relativsatz)
a) Gripus – **eum** servum fuisse puto – tibi non ignotus est.	Gripus, **quem** servum fuisse puto, tibi non ignotus est.
b) Gripus – **de eo** te iam audivisse scio – piscator (Fischer) erat.	Gripus, **de quo** te iam audivisse scio, piscator erat.
c) Gripus – nomen **eius** toto orbe terrarum non ignotum esse contendo – vidulum (Koffer) invenerat.	Gripus, **cuius** nomen toto orbe terrarum non ignotum esse contendo, vidulum invenerat.
d) Vidulum – **eum** magnam pecuniam continuisse arbitror – e mari exceperat.	Vidulum, **quem** magnam pecuniam continuisse arbitror, e mari exceperat.
e) Postremo autem aurum – **id** in vidulo fuisse iam scitis – divisum est.	Postremo autem aurum, **quod** in vidulo fuisse iam scitis, divisum est.

Alles relativ ⑤

Setze das passende Relativpronomen in die entsprechende Lücke ein und übersetze:

quae – quas – quam – quem

a) Claudia et Licinia ante basilicam Iuliam Marcum, ... fratrem Terentiae esse sciunt, aspiciunt.

b) Virgines Marci fabulas, ... veras esse putant, libenter audiunt.

c) Sed illi fabulae, ... Plautum auctorem composuisse arbitrantur, aures non dant.

d) Itaque eum rogant, ut de iudiciis, ... in basilicā Iuliā facta esse constat, narret.

6 „Seewurf"

Da den Kofferstreit, von dem Marcus erzählte, der Komödiendichter Plautus erfunden hatte, möchten Claudia und Licinia nun wissen, ob es nicht einen vergleichbaren Fall aus der Wirklichkeit zu berichten gebe.

Marcus: Audite de mercatore quodam, quem nuper iter per mare fecisse amici mihi narraverunt! Navis eius repente tempestate saevā correpta est. Magister navis[1] summa vi tetendit, ut ad litus, quod
3 prope esse sciebat, perveniret. Sed frustra!

Hinc omnes res graviores de nave éici iussit. Eo et ille mercator vidulum[2] suum, quem ingentem vim auri continere ceteri nesciebant, in mare de-mittere coactus est.

6 Post tempestatem mercator illud litus requisivit vidulum quaesiturus. Sed piscator[3] quidam vidulum e fluctibus exceptum domum iam portaturus erat. Mercator hoc viso a piscatore poposcit, ut sibi vidulus, quem suum esse confirmavit, redderetur.

9 Nunc dicite, vos ambae, cuius vidulus factus sit!

Claudia: Quid dicam? Nescio.

Licinia: Ego equidem illum thesaurum[4] ambobus dividendum esse iudicaverim.

12 **Marcus**: Sed iudex iudicavit illum vidulum thesaurum non esse. Nam aurum sive argentum, cuius memoria adhuc exstat[5], thesaurus non est. Praeterea vidulus mercatore invito e nave eiectus erat. Eo vidulus piscatori erat reddendus.

15 **Claudia**: Equidem spero piscatorem mercedem accepisse.

[1]magister nāvis Kapitän [2]vĭdulus Koffer [3]piscātor, ōris m Fischer [4]thēsaurus Schatz
[5]exstāre, exstō vorhanden sein, existieren

Aufgabe 1
a) Markiere alle Zeit- und Ortsangaben, die die Erzählung von Marcus (Z. 1–9) strukturieren.
b) Für die Entscheidung des Rechtsstreites ist entscheidend, ob der Kaufmann auf dem Schiff freiwillig handelte oder nicht. Unterstreiche die Wörter im Text, die einen Zwang ausdrücken.
c) Übersetze nun den lateinischen Text ins Deutsche.

Aufgabe 2
a) Gib mit lateinischen Worten diese Szene wieder.
b) Du weißt, wie der Richter dieses „Tauziehen" entschieden hat. Wie hättest du entschieden?
c) In Z. 12 und 13 wird beschrieben, wann der Begriff „Schatz" fehl am Platz ist. Informiere dich z. B. im Internet, wann man juristisch von einem „Schatzfund" sprechen kann.

101 Wortschatz

Doppeltes Lottchen

Ordne mit Pfeilen richtig zu:

1	aut … aut
2	alius … alius
3	et … et
4	non solum …, sed etiam
5	sive … sive
6	neque … neque
7	modo … modo

A	sei es (dass) … sei es (dass)
B	manchmal … manchmal
C	entweder … oder
D	sowohl … als auch
E	weder … noch
F	der eine … der andere
G	nicht nur …, sondern auch

Sachfeld „Kunst"

Wiederhole die folgenden Vokabeln, indem du ihre Bedeutung unter ihnen notierst.

ars

imago

simulacrum

signum

statua

tabula

ornare

imitari

Täuschungsmanöver!

Übersetze jede Form und sortiere die Perfektopräsentien aus:

a) maluisti – memoravit – metuerunt – meminerunt – mutavi – munivimus
b) negaveram – nolueras – noverant – nominaverat – neglexeramus – nupseratis
c) odio fuissem – obtulisses – orti essent – occurrisset – odissetis
d) constituerunt – constiti – consuluisti – consuevimus – consecuti estis

Sprachkundig

Qui: Ein Wort, aber fünf Übersetzungen!

a) Dic mihi, **qui** id fieri possit? b) Dignus es, **qui** lauderis, quippe **qui** omnia bene feceris.
c) Nemo est, **qui** id contendat. d) Sed sunt, **qui** id negent.

101 Grammatik

5 Perfektopräsentien-Domino

Die Dominosteine müssen so geordnet werden, dass bedeutungsgleiche Verbformen / Wendungen aufeinander folgen. Welche Zahlenfolge ergibt sich, wenn man mit Stein 1 beginnt?

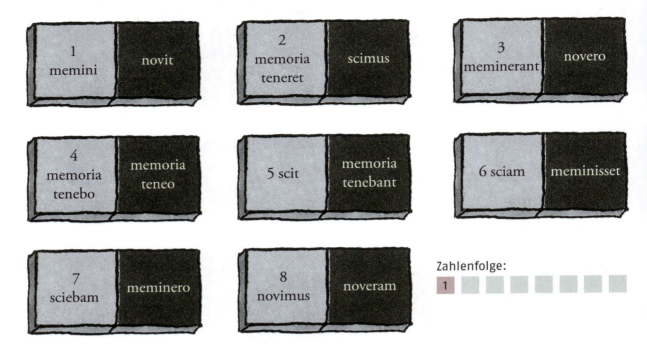

Zahlenfolge: 1 ▢ ▢ ▢ ▢ ▢ ▢ ▢

6 Gegensätze ziehen sich an!

Ersetze jede Form von **nescire** und **amare** durch die entsprechende Form von **cognovisse** bzw. **odisse**:

a) nesciebam		f) amemus	
b) nescietis		g) nescirent	
c) amarem		h) amo	
d) nesciunt		i) nescias	
e) amabis		j) amabatis	

7 Nebensinnig

Übersetze mündlich und kreuze jeweils den passenden adverbialen Nebensinn des Relativsatzes an. Manchmal hilft es zu prüfen, ob das Relativpronomen jeweils durch **KA**usales cum *(weil)*, **KO**nsekutives ut *(dass, sodass)* oder **FI**nales ut *(damit)* ersetzt werden kann:

	Nebensinn	KO	FI	KA
a) Iste magister, qui discipulos torqueat, multis odio est.		●	●	●
b) Discipuli, qui istius facinora non iam ferant, consilium capiunt:		●		●
c) „Mittemus, qui apud rectorem (Direktor) de iniuriis magistri querantur.			●	●
d) Sed ad hanc legationem eos deligemus, quorum auctoritas maxima sit.			●	●
e) Pauci enim digni sunt, qui a rectore audiantur."			●	●
f) Rector autem non is est, qui verbis discipulorum aures non det.		●		●
g) Itaque epistulam componit, qua iste magister ad rationem vocetur.		●	●	●

Was den Menschen von den übrigen Lebewesen unterscheidet

Johann Amos Comenius (1592–1670) hat sich unter anderem um eine bessere Vermittlung von Fremdsprachen verdient gemacht. Zu Beginn seines Werkes „Novissima linguarum methodus" erläutert er, worin seiner Ansicht nach das von Gott gegebene Wesen des Menschen besteht:

In liberis docendis hoc semper meminerimus: Omnes liberi – sive hominum divitum sive pauperum – sunt imagines et simulacra Dei. At nonnulli inveniuntur, qui quaerant, quid id significet[1].

Eis respondere consuevi: Tria sunt, quibus homines a ceteris animalibus differant:

RATIO, ORATIO, OPERATIO[2].

RATIO est lux divina in homine, quā ille res universas – sive intra se ipsum sive extra se – cognoscat.

ORATIONEM homo habet, quā eas res, quas noverit atque cogitet, clare explicet[3].

OPERATIO denique est potestas agendi ac efficiendi ea, quae intellegat et loquatur.

Unicuique nostrum ergo ingenium, sermo, manus datae sunt. Nemo est, qui illis rebus careat. Qui autem fructum rationis vel orationis vel operationis oderit, is dignus non erit, qui homo appelletur.

[1] sīgnificāre bedeuten [2] operātiō, ōnis f Arbeit(sfähigkeit) [3] explicāre ausdrücken

Aufgabe 1
a) Finde alle Wörter des Textes zu den Sachfeldern „denken" – „sprechen" – „handeln".
b) Markiere die vier Perfektopräsentien des Textes grün und bestimme ihre Form.
c) Markiere alle konjunktivischen Relativsätze blau.
d) Übersetze abschließend den lateinischen Text ins Deutsche.

Aufgabe 2
Laut Comenius beruht die Würde des Menschen auf den drei oben genannten Fähigkeiten.
Beschreibe, wie Michelangelo die Würde des Menschen ins Bild gesetzt hat.

Michelangelo Buonarotti: Die Erschaffung Adams. Deckenfresko in der Sixtinischen Kapelle. 1511. Rom, Vatikan.

102 Wortschatz

1 Wortkundig

Passiv, Deponens oder Semideponens? Ordne die folgenden Formen richtig zu. Schreibe dazu jeweils den Infinitiv Präsens mit deutscher Bedeutung in die richtige Spalte.

confisi sumus – aggressus es – confessus sum – ausus sum – confecti sunt – auctum est – gavisae estis – gesta sunt – solitus est – consuetum est – solutus est – secutus est – suspicati sumus – reversus

Passiv	Deponens	Semideponens

2 Witte nicht verbechseln!

a) Gib jeweils an, ob die folgenden Formen zu **sol, solus, solere** oder **solvere** gehören:

solo – soleo – soles (2) – soli (2) – solem – solutus – solitus – solum (2) – solorum

b) Unterscheide genau und übersetze dann:

auctus est – auditus est – ausus est – augebam – audiebam – audebam – conficiunt – confidunt – coniciunt – condiderunt – conare

3 Stammformen!

Ergänze die Lücken und gib jeweils die deutschen Bedeutungen an.

a) reperire   reper............   rep............i   re............tum   ....

b) fingere   fing............   fi............i   fi............um   ....

c) perspicere   perspic............   persp............i   persp............um   ....

4 Irrläufer

Wo versteckt sich der Irrläufer? Begründe deine Wahl.
occulte – forte – crebro – vulgo – grave – perpetuo – frustra

5 Mutter Latein

Führe die Fremdwörter des folgenden Satzes jeweils auf ihr lateinisches Ursprungswort zurück und erkläre ihre Bedeutung: „Aus welcher **Perspektive** man es auch betrachtet, ein echtes **Perpetuum mobile** gibt es nur in **Science-Fiction**-Romanen."

Wortwechsel

6

Ersetze jede Form von **laetum esse** und **mos est** durch die entsprechenden (zeitgleichen) Formen von **gaudere** bzw. **solere**.

a) laetus sum	gaudeo	e) mos ei est	
b) laeti fuimus		f) mos ei erat	solebat
c) laeta erat		g) mos ei fuit	
d) laeta fuisset		h) mos eis fuerat	

Ersetze nun jede Form von **fidem habere** und **redire** durch die entsprechenden (zeitgleichen) Formen von **confidere** bzw. **reverti**.

i) fidem habebam		m) redeo	
j) fidem habui		n) redīsti	revertisti
k) fidem habebimus	confidemus	o) redierant	
l) fidem habuissent		p) redibunt	

Wagemutig

7

Bestimme jeweils die Formen von **audere** und übersetze.

a) Ego equidem non auderem, quod Copernicus ausus est.

b) Scitis eum hoc contendere ausum esse:

c) „Confirmare audeo terram neque medio in mundo (Abl) stare neque quiescere."

d) Utinam id dicere iste ne ausus esset!

e) Ego enim non audeam de consequentiis (Folgen) cogitare.

Kopernikus-Denkmal in Warschau.

Kleiner Bruder

8

Beschreibe vor der Übersetzung, was sich von der linken Spalte zur rechten Spalte geändert hat.

AcI	NcI
a) Alii Copernicum primum fuisse putant, qui solem medio in mundo (Abl) poneret.	Copernicus primus fuisse putatur, qui solem medio in mundo poneret.
b) Sed alii dicunt iam Graecum quendam idem confirmavisse.	Sed Graecus quidam iam idem confirmavisse dicitur.
c) Auctores tradunt sententiam Copernici a multis reprehensam esse.	Sententia Copernici a multis reprehensa esse traditur.

9 Widerstand gegen Kopernikus

Wie revolutionär Kopernikus' heliozentrisches Weltbild war, beweisen die Beinamen, die ihm später verliehen wurden: „Zerstörer des Mittelalters" oder „stillster Lärmmacher der Welt". Kein Wunder, dass die Vertreter des geozentrischen Weltbildes noch lange seine Theorie anzweifelten. So auch Gelehrte an der Sorbonne, der berühmten Universität von Paris:

„Audivistisne, commilitones[1], quid iste Copernicus, homo stultissimus, contendere ausus esset? Se naturam mundi[2] perspexisse dixit. Nec enim – ut iste confirmare solitus est – terra nostra, sed sol
3 ipse in medio mundi loco sedet. Quod confirmavisse iam Aristarchus[3] quidam dicitur. Sed e vobis quaero, quomodo id fieri possit:

Si terra globosa[4] esse putatur, cur homines in diversa parte orbis vitam agentes non de terra cadere
6 solent? Si verum esset terram summa cum celeritate verti, nos homines non modo crebro, sed perpetuo ventis vehementissime torqueremur! Si verum esset nos una cum terra per mundum moveri, haec quaestio[5] contemnenda esse non videretur: Cur nos illum motum terrae non sentire possu-
9 mus?

Denique loca in scriptura[6] reperiuntur, quibus motus non terrae, sed solis demonstretur.

Ergo confidite his rationibus, quibus sapientes semper confisi sunt! Ne illis confisi sitis, quae iste
12 sibi finxit! Revertimini ad disciplinam[7] maiorum!"

[1]commīlitō, ōnis *m* Studienkollege [2]mundus Weltall
[3]Aristarchus Aristarch von Samos (320–250 v. Chr.) [4]globōsus, a, um kugelförmig
[5]quaestiō, ōnis *f* Frage [6]scrīptūra die Heilige Schrift [7]disciplīna *hier:* Lehre

Denkmal für Giordano Bruno (1548–1600) am Ort seiner Hinrichtung auf dem Campo de' Fiori in Rom.

Aufgabe 1
Markiere alle Semideponentien des Textes. Übersetze dann den lateinischen Text ins Deutsche.

Aufgabe 2
a) Mit welchen Worten bringt der Sprecher seine Verachtung für Kopernikus und dessen Lehre zum Ausdruck?
b) Beschreibe die Absicht, die der Sprecher mit den Bedingungssätzen (Z. 5-9) verfolgt.

Aufgabe 3
Recherchiere zu Giordano Bruno und vergleiche seine Aussagen bzw. sein Schicksal mit dem des Kopernikus.

103 Wortschatz

Gehversuche

a) Ordne den Pfeilen 1 bis 4 das passende Verb zu: ēgredī - prōgredī - aggredī - īngredī

b) Wie würdest du Pfeil 5 beschriften, wenn du dabei in derselben Wortfamilie bleiben musst?

c) Erschließe die Bedeutung von congredī und versuche, entsprechende Pfeile einzuzeichnen.

Von a bis a!

Durch die Änderung nur eines Buchstaben ergeben sich ganz andere Wörter. Gib jeweils ihre Bedeutung an.

adero → adeo → addo → adde → addes → ades → adis → adi → ad → a

a ← ac ← at ← ab ← abi ← abis ← abes ← abeo ← abero

Wortkundig

a) Echt „schwaer": Unterscheide und übersetze.

aestus – aestas – aetas – aeternus – aequus – aequor – aes – aer

b) Für Profis: Ordne jeweils die richtige Übersetzung zu.

1	procul	A	näher
2	profecto	B	sicherlich, tatsächlich
3	profectus	C	von fern, weit weg
4	propius	D	sofort
5	prorsus	E	überhaupt, völlig
6	protinus	F	aufgebrochen (seiend)

4 Ansichtssache!

Erkläre mithilfe des Begriffs „innere Abhängigkeit" den Unterschied zwischen den Gliedsätzen in der linken und in der rechten Spalte:

Multi homines Copernicum laudant, …

a) … quod eos verum docuit.
b) … quod se verum docuerit.

Multi homines Copernicum laudaverunt, …

c) … quod eos verum docuerat.
d) … quod se verum docuisset.

Alii ei crimini dant, …

e) … quod iste scripturae (Heilige Schrift) parum confisus est.
f) … quod iste scripturae (Heilige Schrift) parum confisus sit.

5 Modalitäten

Übersetze und erkläre jeweils den **Modus** der farbig markierten Verben.

a) Homines stulti saepe id reprehendunt, quod reprehendi non **potest**.

b) Saepe fit, ut homines stulti id reprehendant, quod reprehendi non **possit**.

c) Quis nescit homines stultos saepe id reprehendere, quod reprehendi non **possit**?

d) Tu semper ea dicis, quae **sentis**.

e) Philosophus mansisses, si ea tacuisses, quae **sensisses**.

f) Te rogo, cur semper tibi ea dicenda sint, quae **sentias**.

6 Sprachkundig

Übersetze und kreuze an, warum der Konjunktiv verwendet wird.

	konjunktivische Abhängigkeit	infinitivische Abhängigkeit	innere Abhängigkeit
a) Quis est, qui non intellegat sententiam, quae Copernicus **docuerit**, veram esse?	●	●	●
b) Necesse est eum, qui caelum **tueatur**, sententiam Copernici probare.	●	●	●
c) Copernicum non reprehendo, nisi quod diu **dubitaverit** sententiam suam litteris tradere.	●	●	●
d) Omnes sententiam Copernici probavissent, si diligenter legissent, quod ille **scripsisset**.	●	●	●

De organo supremo

Andreas Witinck (1514–1564) aus Wesel, später nach seiner Heimatstadt Andreas Vesalius benannt, wurde (erst 24-jährig!) zum Professor für Chirurgie und Anatomie ernannt. Mit 30 Jahren wurde er Leibarzt von Kaiser Karl V. (1500–1558). Kurz zuvor hatte er das Werk „De humani corporis fabrica" (Über den Bau des menschlichen Körpers) verfasst, das ihn zum eigentlichen Begründer der neuzeitlichen Anatomie erhob. In diesem Werk beschreibt er auch das menschliche Herz:

Opinor ex omnibus órganis[1], quae creata sint, ut nostrae vires consumptae restituantur, supremum esse cor. In corde enim aestus sanguinis restitui solet. Sanguine autem corpus totum alitur. Quis ergo verbis eorum credat, qui caput sedem animae appellent?

Cor ita prorsus fictum est, ut eius forma nuci pineae[2], quae compressa[3] sit, par esse videatur. Basis[4] quidem cordis medio in pectore collocata est, sed mucro[5] eius se in sinistram[6] pectoris partem vertit. Carnem[7], e qua cor constet, adeo duram esse cognovi, ut naturam musculorum[8] egrediatur. Deinde cor duos ventriculos[9] possidet, qui inter se differunt. Alter ventriculus – id est ventriculus dexter – tenuior[10] altero esse cernitur. Denique mihi dicendum est cor variis vasis ornatum esse, quibus sanguis égredi revertique putetur.

[1] organum (Körper-)Organ   [2] nux pineae, nucis pineae *f* Pinienzapfen
[3] compressus, a, um zusammengedrückt   [4] basis *f* Grundlage, Basis   [5] mucrō *m* (Schwert-)Spitze
[6] sinister, sinistra, sinistrum links   [7] carō, carnis *f* Fleisch   [8] mūsculus Muskel
[9] ventriculus Herzkammer (eigtl. „kleiner Bauch")
[10] tenuis, e *hier:* mit einer dünnen (Muskel-)Wand ausgestattet

Aufgabe 1
Der Satzbau ist – wissenschaftlichen Ausführungen entsprechend – schlicht und möglichst präzise. Der Inhalt ist jedoch relativ komplex. Unterstreiche zunächst alle anatomischen Begriffe und versuche mit ihrer Hilfe den Inhalt vor der Übersetzung grob zu erschließen. Übersetze dann den lateinischen Text ins Deutsche.

Aufgabe 2
Diese Zeichnung eines menschlichen Herzens stammt aus der zweiten Auflage von Vesalius' „De humani corporis fabrica" (1555). Man kann hier sehen, dass die Wand der linken Herzkammer fester ist. Informiere dich über den Grund. Ein Tipp: Es hat mit dem von William Harvey entdeckten großen Blutkreislauf zu tun.

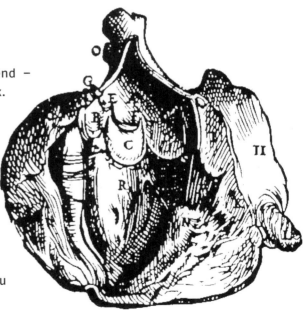

Zeichnung des Herzens aus Vesalius' Werk „De humani corporis fabrica" in der Auflage von 1555.

Selbsttest zu den Lektionen 98–103

Bearbeite zunächst die Aufgaben. Vergleiche dann deine Antworten mit den Antworten im Lösungsheft. Dort findest du auch, wie viele Punkte du für jede richtige Antwort erhältst. Zähle die Punkte, die du für deine richtigen Antworten erhalten hast, zusammen und ermittle danach mit der Bewertungstabelle am Ende des Selbsttestes, wie deine Leistung zu bewerten ist.

1 Überleg mal! 5 BE

Unterstreiche jeden Hortativ blau, jeden eindeutigen Deliberativ grün.

a) Tullius: „Iudicem petamus et pecuniam nostram repetamus!"

b) Quintus: „Sed quid iudex faciet? Fortasse (vielleicht) infestus erit, fortasse irascetur, fortasse nos ipsos damnabit."

c) Tullius: „Quid aliud faciamus? Utinam id mihi dicere posses!"

d) Quintus: „Nescio, quid faciamus. Aliquos testes arcessamus an peritum iuris (einen Rechtsgelehrten) rogemus, ut ius nostrum impetret?"

2 Leicht gemacht 5 BE

Unterstreiche alle Formen, die es im Lateinischen geben kann:

a) interficitur b) fias c) fiatur d) perficiunt e) factum est f) facitur g) fient

3 Verschränkt 3 BE

Unterstreiche nur die Relativpronomina, die einen verschränkten Relativsatz einleiten.

a) Mercedem mox tibi dabo. Qua accepta tu tibi emas, quicquid voles.

b) Iste „amicus", cuius nomen te iam audivisse scio, me fefellit.

c) Istum „amicum", quem semper fidum (treu) putavi, non iam requiram.

4 Gewusst, wie! 4 BE

Gib zu den lateinischen Verbformen links jeweils die passende Übersetzung an, indem du den Großbuchstaben hinter die Form schreibst.

1	scies		5	sciebatis		A	ihr wusstet	E	du wirst wissen
2	novistis		6	noverit		B	er wird wissen	F	er wüsste
3	novero		7	novisset		C	ihr wisst	G	ich werde wissen
4	noveram		8	scirent		D	sie wüssten	H	ich wusste

Leichte Wahl
4 BE

Wähle jeweils aus, welche der beiden vorgegebenen Lösungen passt.

a) Sol summa cum celeritate moveri (**dicunt** / **dicitur**).

b) Terra multis hominibus medio in mundo quiescere (**videbant** / **videbatur**).

Alles relativ
9 BE

Bei jedem der folgenden Gliedsätze handelt es sich um einen Relativsatz. Der adverbiale Nebensinn ist aber jeweils an anderer. Übersetze und gib jeweils den Nebensinn des Relativsatzes an.

a) Quattuor discipuli inventi sunt, qui hunc laborem **susciperent**.

....

b) Me, qui semper **didicissem**, magister laudavit.

....

c) Natura hominibus rationem dedit, qua in agendo **regerentur**.

....

Halbe, halbe!
4 BE

Übersetze die folgenden Formen und bilde dann zu den Formen des Perfektstamms die entsprechenden des Präsensstamms und umgekehrt.

Beispiel: ausi eramus → wir hatten gewagt → audebamus

a) confidunt .... → ....

b) solitus es .... → ....

c) revertisti .... → ....

d) gauderent .... → ....

Konjunktivitis
6 BE

Übersetze und kreuze an, warum der Konjunktiv verwendet wird.

	konjunktivische Abhängigkeit	infinitivische Abhängigkeit	innere Abhängigkeit
a) Discipuli magistro gratiam habuerunt, quod se bene **docuisset**.	○	○	○
b) Magistris mos est eos laudare, qui bene **didicerint**.	○	○	○
c) Nemo adhuc inventus est, cui id satis esset, quod **haberet**.	○	○	○

BE	40–35	34–29	28–23	22–17	16–11	10–0
Leistungsstand	sehr gut	gut	befriedigend	ausreichend	mangelhaft	ungenügend

1 Sub- oder Konjunktion?

Ein Hauptschritt der Satzanalyse ist die Scheidung von Haupt- und Nebensätzen. Dazu musst du genau unterscheiden zwischen **Subjunktionen** (unterordnende Bindewörter), die auf jeden Fall einen Nebensatz einleiten, und **Konjunktionen** (beiordnende Bindewörter), die einen begonnenen Satz (z. B. den Hauptsatz) weiterführen bzw. Satzglieder aneinanderreihen:

Übersetze die folgenden Bindewörter und entscheide, ob es sich um eine **K**onjunktion oder eine **S**ubjunktion handelt:

1	et: und	K	16	-que	
2	postquam		17	quamquam	
3	dum		18	neque	
4	quia		19	quoque	
5	aut		20	modo … modo	
6	etiam		21	ne	
7	quamvis		22	an	
8	sed		23	deinde	
9	ut		24	aut … aut	
10	nisi		25	et … et	
11	si		26	atque	
12	autem		27	quod	
13	tamen		28	etsi	
14	vel		29	quoniam	
15	cum		30	tum	

2 Gliedsätzen auf der Spur

Sieh dir das folgende Beispiel genau an, in dem nur die Gliedsätze farbig markiert und eingeklammert sind. Analysiere dann die weiteren Sätze dem Beispiel entsprechend und übersetze sie.

Beispiel: Aetas nostra, **(quae succedit)**, operibus aetatum superiorum utitur, **(ut nos plura noverimus quam illi)**.

a) „Quamquam multa quaerere audeo, numquam ausus sum quaerere, utrum totus mundus (das All) finem habeat an non. **b)** Nam philosophis ea permittere solitus sum, quae ceteri homines ratione confisi cognoscere non possunt. **c)** Quomodo igitur terra minima quiescere potest, cum infinitus (!) mundus circum illam minimam vertatur? **d)** Sed eis, qui in nave sunt, cuncta, quae extra navem sunt, moveri videntur, cum ipsi se quiescere putent."

Sie haben Tag und Nacht für uns Zeit

Im Multimedia-Zeitalter scheinen alle Generationen, die noch keinen PC, kein Handy, kein World Wide Web kannten, in der Steinzeit gelebt zu haben. Demzufolge ist das Vergangene für viele belanglos. Ein anderes Verhältnis zu den vorigen Generationen hatte Seneca – römischer Redner, Philosoph und Erzieher von Kaiser Nero. Er sieht – wie später Johannes von Salisbury – die Beschäftigung mit den Schriftstellern der Vergangenheit nicht als Zeitverschwendung, sondern als Bereicherung.

1. Nisi in-gratissimi sumus, illi aetatum superiorum auctores nobis nati sunt, nobis vitam instituerunt.

2. Nemo nisi auctores pristinorum temporum nos ducunt ad res pulcherrimas, quas ipsi e tenebris ad lucem extulerunt.

3. Quanto diligentius libros eorum legeris, tanto magis eos ut parentes colendos esse censebis.

4. Colloqui cum Platone et Aristotele licet, cum Epicuro quiescere[1], una cum philosophis licet hominis naturam modo vincere modo excedere.

5. Quis est, qui dubitet nos ad pristinos venientes multo meliores fieri, praesertim cum omnibus diebus, omnibus noctibus illos convenire possimus?

6. Horum nemo annos nostros conterit[2], sed annos suos nobis tribuit.

7. Qui eorum viribus et laboribus nixus erit, accipiet, quaecumque volet.

8. Qui eis successerit, habebit, cum quibus de minimis maximisque rebus colloquatur.

9. Hi nobis dabunt ad aeternitatem[3] iter et nos in illum locum, ex quo nemo deicitur[4], tollunt.

[1] quiēscere, quiēscō *hier:* zur Ruhe zu kommen [2] conterere, conterō aufreiben, vergeuden
[3] aeternitās, ātis: *Subst. zu* aeternus, a, um [4] dēicere, dēiciō herabwerfen

Aufgabe 1
a) Suche alle Wörter im Text, die dem Sachfeld „Zeit" zuzuordnen sind.
b) Wo und wie oft kommen die folgenden Satzmuster im Text vor?

A HauptSatz + NebenSatz   D NS + HS + NS
B NS + HS   E HS + NS + HS
C HS + NS + NS

c) Welche satzwertigen Konstruktionen findest du im Text?
d) Übersetze abschließend den Text.

Aufgabe 2
Auf Raffaels Gemälde finden sich dieselben Philosophen, von denen auch der Text spricht. Kannst du die abgebildeten Personen zuordnen? Informiere dich in deinem Lateinbuch auf S. 70–71.

Raffael: Die Schule von Athen (Ausschnitt). 1511. Rom, Vatikan.

Bildnachweis

akg-images **72. 76** | akg-images/A. Paul Weber/VG Bildkunst **37** | akg-images/Electa **23** | akg-images/Erich Lessing **26. 48. 69. 79** | akg-images/Rabatti - Domingie **55** | Biblioteca Vaticana, Rom **91** | Bridgeman Art Library **29** | Bridgeman Art Library/Chris Beetles, London, U.K. **38** | Bridgeman Art Library/Giraudon **61** | Deutsches Theatermuseum, München/Ch. Schieckel **21** | dpa picture-alliance/akg-images **52** | dpa picture-alliance/dpa Bildarchiv **88** | dpa picture-alliance/Electa/Leemage **35** | dpa picture-alliance/EPA/Brian Bergmann **49** | dpa picture-alliance/HB Verlag **85** | dpa picture-alliance/ZB - Fotoreport/Peter Zimmermann **6** | dpa picture-alliance/ZB - Fotoreport/Ralf Hirschberger **58** | Dr. Rudolf Schätz, München **16 (2)** | Franckh-Kosmos Verlags-GmbH & Co., Stuttgart **15** | getty images/De Agostini Picture Library **32** | getty images/Neil Fetcher/Dorling Kindersley **16 (1)** | interfoto/Bildarchiv Hansmann **66** | interfoto/imagebroker **87** | mauritius images/imagebroker/Barbara Boensch **65** | mauritius images/imagebroker/Jean-Pierre Lescourret **83** | Photograph © 2010 Museum of Fine Arts, Boston **12** | Scala, Florenz **57. 60. 95** | Scala, Florenz/White Images **9** | ullstein bild/Thiele **18** | Verlag G. Freytag, München **44** | Veronika Lobe, Würzburg **59** | Verlagsarchiv.

Umschlag Vorderseite: **Cameo mit dem Porträt der Octavia Minor**. bpk/Félicien Faillet. | Das **Hadrianstor in Antalya (Türkei)**. ullstein bild/imagebroker/Bahnmüller. | Der **Apollotempel in Side (Türkei)**. Fotolia/VRD | Die **Porta Nigra in Trier (Deutschland)**. mauritius/Hans-Peter Merten.

Umschlag Rückseite: Der **Trajansbogen von Timgad (Algerien)**. dpa picture-alliance/Backhaus. | **Limeswachturm bei Erkertshofen, Kreis Eichstätt (Deutschland)**. mauritius images/imagebroker/Michael Rucker | Der **Septimius-Severus-Bogen in Rom (Italien)**. mauritius images/Radius images.

Lektion 77

1 a) sapiens: klug, weise → Klugheit, Weisheit **b)** miser: arm, erbärmlich, unglücklich → Unglück, Leid, Elend **c)** potens: mächtig, stark → Macht, Stärke **d)** tristis: traurig, unfreundlich → Traurigkeit, Trauer, unfreundliches Benehmen **e)** stultus: dumm → Dummheit **f)** saevus: schrecklich, wild, wütend → Grausamkeit, Wildheit, Wut **g)** malus: schlecht, schlimm → Schlechtigkeit, Bosheit **h)** superbus: stolz, überheblich → Stolz, Überheblichkeit

2 Adjektive (rot): honesto, forte, cupidam, acris | **Adverbien** (grün): immo, hodie, imprimis, quondam | **Pronomina** (blau): istis, quodam, aliquo, ille. | **Substantive** (gelb): marito, die, fabulam, civis

3 **motus** (Bewegung), **magistratus** (Amt, Beamter), **casus** (Fall, Zufall), **metus** (Angst), **vultus** (Gesicht, Gesichtsausdruck, Pl. Gesichtszüge), **cursus** (Lauf), **senatus** (Senat, Senatsversammlung), **domus** (Haus), **portus** (Hafen), **impetus** (Angriff, Schwung), **luctus** (Trauer), **exercitus** (Heer), **gemitus** (Seufzen, Traurigkeit), **conspectus** (Anblick, Blickfeld), **manus** (Hand; Schar *von Bewaffneten*), **cultus** (Bildung, Lebensweise, Pflege, Verehrung)

4 a) sapere: Verstand haben, Geschmack haben → Wir haben Verstand – du hast Verstand – ihr habt Verstand – **b)** opinio: Meinung – condicio: Bedingung, Lage – socius: Gefährte, Verbündeter, daher: socialis, e: sozial, die Gemeinschaft / Gesellschaft betreffend – lingua: Sprache – religio: Glaube → Wegen der politischen Meinung, wegen der persönlichen und gesellschaftlichen Lage, wegen Sprache, Religion und wegen der Abstammung (Rasse).

5 a) „Irgendetwas bleibt immer hängen!" Wenn ein Gerücht sich erst verbreitet hat, ist es sehr schwer, etwas wieder zu berichten, da dies nicht jeden erreichen wird. **b)** „Ein sicherer (wahrer) Freund zeigt sich in einer unsicheren Lage (Situation)!" Wirkliche Freunde sind die, die bleiben, auch wenn die äußeren Umstände sich verändern (Krankheit, Unglück, Not).

6 Einige Schüler sind (be)gierig ... **a)** aeris: nach Geld **b)** munerum: nach Geschenken **c)** somni: nach Schlaf **d)** equorum: nach Pferden **e)** pecuniae: nach Geld

7 a) -oris: tempus, oris – pectus, oris – corpus, oris – litus, oris – facinus, oris | -eris: vulnus, eris – genus, eris – sidus, eris – scelus, eris – munus, eris | **b) tempus**, tempori, temporibus, temporum, temporis, tempus, tempore, temporibus, tempora (ebenso die anderen Substantive auf -oris) – **sidus**, sideri, sideribus, siderum, sideris, sidus, sidere, sideribus, sidera (ebenso die anderen Substantive auf -eris).

8 a) casum: Akk. Sg. *m* → aliquem **b)** opinioni: Dat. Sg. *f* → alicui **c)** sideris: Gen. Sg. *n* → alicuius **d)** cursus: Nom. Sg. / Pl. *m* → aliqui

9 a) aliquo sidere: Sie erzählten von irgendeinem Stern(bild). **b)** aliquas opiniones falsas: Ihr hörtet irgendwelche falschen Meinungen. **c)** alicuius viri clari: Er kannte den Namen irgendeines berühmten Mannes.

10 Richtig: **b)** – Fehler in **a)** antiquis: in früheren – nocturnum: falsch bezogen auf siderum – a deis creata: nicht als Passiv übersetzt – Fehler in **c)** antiquis: allen – cursum: nicht übersetzt – nocturnum: als Adverb übersetzt – siderum: nicht als Gen. Pl. erkannt – omnia a deis: Kasus nicht beachtet – omnia falsch bezogen – creata: aktiv übersetzt, damit auch „diese" (siderum) falsch ergänzt.

11 Aufgabe 1: Z. 1: qua, iis, qui – Z. 2: eam – Z. 3: ipse – Z. 5: haec, qui, eius, alicuius – Z. 6: hoc, ille – Z. 7: alicuius, eis – Z. 8: idem, aliquo, quis – Z. 9: ille, aliquid, ipse – Z. 10: eum – Z. 11: hoc, eo, eius

Übersetzung Die alten Philosophen suchten nach einem einzigen Urstoff, aus dem alles besteht. Einer von diesen, der besonders begierig nach Wissen war, mit Namen Pythagoras, glaubte, dass dieser Urstoff die Zahl sei. Weil er als junger Mann bei den Priestern in Ägypten viel über den Lauf und die Bewegung der Gestirne gelernt hatte, war er selbst ein berühmter Lehrer vieler junger Männer.
Über die Seele sagte er Folgendes: „Wenn (irgend)ein Mensch schlecht ist, gelangt (kommt) seine Seele nach dem Tod in den Körper irgendeines Tieres, wie zum Beispiel eines Pferdes oder eines Stieres. Als der Philosoph Xenophanes dies gehört hatte (nachdem dies gehört worden war), sagte er lachend: „Jener tötet niemals Tiere, weil er fürchtet, dass die Seele irgendeines Freundes in ihnen wohnt."
Derselbe gab, als er einmal von (irgend)einem gefragt worden war: „Wer bist du?", zur Antwort: „Ein Philosoph." Die Schüler aber riefen, immer wenn jener etwas dargelegt hatte: „Er selbst (persönlich / der Meister) hat es gesagt!", da er ja verboten hatte, beim Namen genannt zu werden (dass er beim Namen genannt werde). Nicht allen, sondern nur auserwählten Menschen war es erlaubt, ihn zu sehen; dem größten Teil des Volkes aber blieb er verborgen. Das veranlasste die Menschen (verleitete die Menschen dazu), eine sonderbare Meinung von ihm zu haben. Sie sagten nämlich, sein Gesichtsausdruck sei ernst, sein Körper (sei) mit weißen Gewändern bedeckt (bekleidet) und sein Oberschenkel (sei) aus Gold.

Aufgabe 2: a) die Zahl **b)** Wasser, Luft und Feuer sind wahrnehmbare Stoffe der Welt. Die Zahl dagegen ist ein abstrakter, nur gedachter Begriff und nicht direkt wahrnehmbar. **c)** Indem er sich kaum offen zeigte und vielfach in Rätseln sprach, machte er sich bewusst geheimnisvoll und regte somit die Fantasie der Menschen an.

Lektion 78

❶ brevis ↔ longus | minimus ↔ maximus | crudelis ↔ placidus | pauper ↔ dives | divinus ↔ humanus | turpis ↔ honestus | facilis ↔ difficilis | stultus ↔ sapiens | felix ↔ infelix | tristis ↔ laetus | malus ↔ bonus | magnus ↔ parvus

❷ a) interrogare: fragen → Frage, Befragung **b) mutare:** (ver-)ändern, verwandeln → (Ver-)Änderung, Verwandlung **c) liberare:** befreien, freilassen → Befreiung, Freilassung **d) damnare:** verurteilen → Verurteilung **e) exspectare:** warten (auf), erwarten → Erwartung **f) desperare:** die Hoffnung aufgeben, verzweifeln → Hoffnungslosigkeit, Verzweiflung **g) narrare:** erzählen → Erzählung **h) augere:** vergrößern, vermehren → Vergrößerung, Vermehrung **i) invenire:** finden, erfinden → Erfindung **j) prodere:** verraten, überliefern → Verrat **k) dimittere:** aufgeben, entlassen → Entlassung **l) defendere:** abwehren, verteidigen → Abwehr, Verteidigung.

❸ a) aurum: Gold → aus Gold **b) argentum:** Silber **c) ferrum:** Eisen – via: Weg → Eisenbahn

❹ recipere, recipio, recepi, *receptum*: aufnehmen, wiederbekommen, zurücknehmen → urspr. Anmerkung des Apothekers, dass er die Anweisung des Arztes *aufgenommen* hat. → Verwendung: Anweisung des Arztes an den Apotheker – aspicere, aspicio, aspexi, *aspectum*: erblicken, ansehen → Blick(richtung), Gesichtspunkt – minimus: sehr klein – maximus: sehr groß – fatum: Schicksal, Götterspruch → schicksalhaft

❺ Die Übersetzungen in Klammern können jeweils auf alle Beispiele übertragen werden. **a)** altior, altissimus: höher, tiefer (ziemlich hoch / tief; (all)zu hoch / tief); der Höchste, Tiefste (äußerst / sehr hoch / tief...) **b)** cupidior, cupidissimus: gieriger; der Gierigste **c)** sapientior, sapientissimus: weiser; der Weiseste **d)** brevior, brevissimus: kürzer, der Kürzeste **e)** tristior, tristissimus: trauriger, unfreundlicher; der Traurigste, Unfreundlichste **f)** ingentior, ingentissimus: gewaltiger, ungeheuerer; der Gewaltigste, Ungeheuerste

❻ a) pulchriorem: Ich sehe ein ziemlich schönes Mädchen. **b) potentiori:** Ich gehorche einem ziemlich mächtigen / starken König. **c) improbiorem:** Ich habe Angst vor einem ziemlich (allzu) schlechten Herrn. **d) utiliores:** Ich verkaufe ziemlich nützliche Sachen. **e) honestius:** Ich erfülle eine ziemlich ehrenhafte / angesehene Pflicht. **f) dulciores:** Ich erhalte ziemlich angenehme / allzu süße Speisen.

❼ a) Rex potentissimus est: der König ist sehr / äußerst mächtig / der Mächtigste. **b)** Croesus divitissimus est: Krösus ist sehr / äußerst reich / der Reichste. **c)** Puella felicissima est: Das Mädchen ist sehr / äußerst glücklich / die Glücklichste. **d)** Hoc munus gravissimum est: Diese Aufgabe ist sehr / äußerst schwer / die schwerste.

❽ a) istius: Gen. Sg. (iste, ista, istud), die anderen Formen sind Komparative im Nom. / Akk. Sg. *n* – **b) mercatores:** Nom. / Akk. Pl. (mercator), die anderen Formen sind Komparative im Nom. / Akk. Pl. *m / f* – **c) auctoris:** Gen. Sg. (auctor), die anderen Formen sind Komparative im Gen. Sg. *m / f / n* – **d) nuntiorum:** Gen. Pl. (nuntius), die anderen Formen sind Komparative im Gen. Pl. *m / f / n*

❾ a) Hör lieber (zu), (und) sprich sehr wenig! Gib den Bürgern nicht den bequemsten (angenehmsten) Rat, sondern den nützlichsten! **b)** Bezeichne (erst) einen toten Mann (Menschen) als sehr glücklich / den glücklichsten! **c)** Erkenne dich selbst (dass du menschlich, nicht göttlich bist)! **d)** Verschaffe dir Reichtum nicht durch Unrecht! **e)** Zeige dich deines Vaters würdig! **f)** Irren ist menschlich.

❿ Aufgabe 1: Z. 2: sapientissimus, Z. 2 f.: sapientior, Z. 4: sapientiorem, Z. 5: falsa, Z. 6: sapientiorem, Z. 6: sapientior, Z. 7: clarissima, Z. 8: brevi, Z. 8: sapientissimi, Z. 9: sapientissimos, Z. 10: sapientissimus

Übersetzung Ein (gewisser) Freund des Sokrates suchte einst das Orakel in Delphi auf und fragte den Gott Apollon Folgendes: „Wer ist der Weiseste von allen Menschen?" Die Priesterin Pythia aber antwortete ihm: „Niemand ist weiser als Sokrates."
Nachdem Sokrates diesen Götterspruch vernommen hatte (nachdem dieser Götterspruch aufgenommen worden war), dachte er, da er der Meinung war, dass er nicht weiser sei als andere, bei sich: „Ich weiß sicher, dass Apollon niemals Falsches sagt. Was also will der Gott mit solchen Worten sagen?" Deshalb fasste Sokrates den Beschluss, irgendeinen Weiseren zu suchen, um dem Gott zu beweisen: „Sieh, dieser hier° ist weiser!" Aber immer wenn er auf dem Forum herumging und Dichter oder andere Männer, deren Wissen hochberühmt war, befragte, bemerkte er in kurzer Zeit Folgendes: Jene Männer, die er befragt hatte, waren in der Tat äußerst weise in ihren eigenen Künsten; aber sie irrten sich, indem sie meinten, dass sie auch in allen anderen Künsten die weisesten seien. Nun endlich verstand Sokrates die Worte des Gottes: „Ich bin der Weiseste, denn ich (persönlich) weiß, dass ich nichts weiß!"

Aufgabe 2: Zeile 1–3: Anfrage an das Orakel von Delphi, wer der Weiseste sei. Antwort der Pythia: Sokrates. – **Zeile 4–6:** Da Sokrates weiß, dass ein Gott niemals lügt, macht er sich daran, die Aussage des Orakels zu prüfen. – **Zeile 7–9:** Sokrates sucht einen, der weiser ist als er, doch auf der Suche danach bemerkt er, dass die meisten ihr Wissen überschätzen und deshalb meinen, sie wüssten alles. – **Zeile 10 f.** Jetzt versteht Sokrates den Orakelspruch.

Aufgabe 3: a) Sokrates glaubt an Apollon und damit auch an die anderen Götter, an die die Stadt glaubt; deshalb nimmt er den Orakelspruch auch sehr ernst: „Certe scio Apollinem numquam falsa dicere." (Z. 4 f.) Er zweifelt anfangs ja nur, weil er den tieferen Sinn des Ausspruchs nicht versteht. **b)** Sokrates' Weisheit besteht darin, dass er zwar *Vieles* weiß, aber im Gegensatz zu den anderen sich dessen bewusst ist, dass er nicht *alles* weiß. Er ist sich also seiner Grenzen bewusst.

Lektion 79

❶ a) numerus: Zahl, Menge → zählen – **vulnus:** Wunde, Verlust → verwunden – **labor:** Arbeit, Anstrengung → arbeiten, sich anstrengen – **spes:** Erwartung, Hoffnung → erwarten, hoffen – **sonus:** Ton, Klang, Geräusch → tönen, klingen – **gravis:** schwer → beschweren, schwer machen – **signum:** Merkmal, Zeichen; Statue → kenntlich machen, mit einem Zeichen versehen – **finis:** Ende, Grenze, Ziel, Zweck; *Pl.* Gebiet → beenden, begrenzen – **mollis:** weich, angenehm; freundlich → weich machen, verweichlichen
b) pulcher: schön → Schönheit – **beatus:** glücklich, reich → Glück – **turpis:** unanständig, hässlich, schlecht → Unanständigkeit, Hässlichkeit, Schlechtigkeit – **fortis:** kräftig, tapfer → Stärke, Tapferkeit – **longus:** lang, weit → Länge, Weite – **magnus:** groß, bedeutend → Größe, Bedeutung – **altus:** hoch, tief → Höhe, Tiefe – **latus:** breit, ausgedehnt → Breite, Ausdehnung – **mollis:** weich, angenehm; freundlich → Weichheit – **multus:** viel → Menge, große Anzahl

❷ Der Postbote **grüßte** (salutem dicere, Perf.) mich heute **besonders** (imprimis) fröhlich, denn er hatte **einen Brief** (epistula) für mich. Ich war neugierig, **wer** (quis) ihn denn **verfasst hatte** (componere, Plusqpf.) und **las** (legere, Perf.) den Absender. Welche **Freude** (gaudium)! Meine **Freundin** (amica) aus **England**! Es **war** (esse, Impf.) ihr **erster Brief** (prima epistula) von dort und sollte mir **Trost sein** (solacio esse). Dies **war** ihr mit ihren **freundlichen Worten** (verbum molle, Abl. Pl.) **gelungen** (contingere, Plusqpf.) Heute noch werde ich **zurückschreiben** (rescribere, Fut.).

❸ reliquiae: Überbleibsel, Überrest, Ruine – **arma:** Gerät, Waffen – **tenebrae:** Dunkelheit, Finsternis – **nuptiae:** Hochzeit – **castra:** Lager – **insidiae:** Falle, Attentat, Hinterlist – **moenia:** Mauern, Stadtmauern

❹ a) Komponist, Komposition, komponieren, Kompost, Kompositum, Komponente **b)** Kontingent, Kontakt **c)** Komparativ **d)** Konfekt, Konfektion, Konfitüre, Konfetti **e)** Konzession **f)** Konsistenz, konsistent **g)** konsultieren, Konsultation

❺ Secundus grüßt seine Prima überall höchstpersönlich (selbst): Ich bitte dich, Herrin, mich zu lieben (dass du mich liebst)!

❻ casui – opinioni – nocti – iudici – usui – gaudio – exercitui – solacio → Lösungswort: coniuges

❼ a) miserior, miserrimus, miser **b)** pulcherrima, pulchra, pulchrior **c)** potens, potentior, potentissimus **d)** felicius, felicissimum, felix **e)** facillima, facilis, facilior

❽ a) quam aliae **b)** quam ille **c)** quam tuus **d)** quam vestrum

❾ a) dulcissimi: Ihre Verse sind nicht nur angenehm / süß, sondern sehr angenehm / süß; die angenehmsten / süßesten. **b) pulcherrima:** Ihre Kunst ist nicht nur schön, sondern sehr / äußerst schön; die schönste. **c) difficillima:** Ihr Leben ist nicht nur schwer, sondern sehr / äußerst schwer; das schwerste. **d) mollissima:** Ihre Lieder sind nicht nur angenehm, sondern sehr / äußerst angenehm; die angenehmsten. **e) miserrimum:** Ihre Verbannung ist nicht nur erbärmlich, sondern sehr / äußerst erbärmlich; die erbärmlichste.

❿ Aufgabe 1: Finite Verbformen (grün): complebit, didicisti, docui, perfecisti, convenimus, delectaremur, eramus, sit, vis, debeo, audi, erit, est, eris, aio, intellexeris, abis, erit, iunctae erimus, divisae sumus – **Infinite Verbformen** (gelb): ornare, cantare, habere, relinquere, petere, dimittere, parere, alere, docere, consulere, esse, esse

Übersetzung Liebstes Mädchen! Immer wird mich die Erinnerung an die wunderschönen Jahre mit größter Freude erfüllen. Wie schnell hast du doch° alles gelernt, was ich dich gelehrt habe (worin ich dich unterrichtet habe)! Wie gut hast du alle Kunstfertigkeiten (Fähigkeiten) erreicht: sehr lange Haare zu schmücken (frisieren, kämmen), mit wunderbar klarer (heller) Stimme zu singen und äußerst angenehme Gespräche zu führen. Oft kamen wir zusammen, um uns an den verschiedenen Meinungen der Philosophen zu erfreuen; denn wir alle waren begierig nach der Erkenntnis, wie beschaffen die Welt sei.
Weil du jetzt die überaus lieb gewordenen (liebsten) Freundinnen verlassen und wegen der Hochzeit mit deinem Ehemann eine neue Heimat aufsuchen willst, muss ich dich mit tieftraurigem Herzen gehen lassen (aufgeben).
Höre, liebes° Mädchen: Dein Leben wird voll von schwierigen Aufgaben sein; denn die Aufgabe einer Gattin ist es Kinder zu gebären, sie° großzuziehen und zu unterrichten, sich um das Haus zu kümmern und dem Ehemann im Glück und im Unglück (in guten und in schlechten Zeiten) eine gute Gefährtin zu sein. Du wirst aber, wie ich behaupte, glücklich sein, wenn du einsiehst, dass die Liebe der Familie / zur Familie das größte Gut ist. Nun gehst du weg, aber dies wird mich trösten: Immer werden wir durch die süßeste Freundschaft verbunden sein, obwohl wir getrennt sind.

Aufgabe 2: a) musischer Bereich – philosophisch-naturwissenschaftlicher Bereich, Bildung – häuslicher Bereich, hausfrauliche Fähigkeiten **b)** cara, pulchrorum, magno, longos, clara, dulces, caras, tristi, magnum, dulci – Die Stimmung verliert sehr viel von ihrer Ausdruckskraft.

Aufgabe 3: ... iunctae erimus, quamquam divisae sumus. (Z. 11)

Aufgabe 4: Im 5. und 4. Jh. v. Chr. wird in Athen die Heirat ohne die junge Frau vereinbart; der Vater und der Bräutigam bestimmen über sie. Der Handschlag versinnbildlicht, dass der Vater die Braut aus seiner Hand in die des Bräutigams gibt. Dabei ist nicht einmal die Anwesenheit der jungen Frau nötig.

Lektion 80

❶ a) amor **b)** laetitia **c)** cupiditas **d)** ignis **e)** amicitia **f)** amare **g)** cupere **h)** placere **i)** sentire **j)** desiderare **k)** felix **l)** laetus **m)** carus **n)** cupidus

❷ a) non (nicht) – nos (wir, uns) – nox (Nacht) – nex (Mord, gewaltsamer Tod) – vox (Stimme, Äußerung, Laut) – mox (bald) – mos (Sitte, Brauch) – vos (ihr, euch) **b)** rex (König) – sex (sechs) – sed (aber, sondern) **c)** cum (mit, wenn, als, nachdem, weil, obwohl, während) – dum (während, solange, bis) – tum (da, dann, darauf, damals) – tam (so) – nam (denn, nämlich) – quam (als, wie, möglichst)

❸ Dieser berühmte Dichter verfasste ... **a)** dunkle (geheimnisvolle) **b)** sehr schlechte, die schlechtesten **c)** sehr kleine (kurze) **d)** ziemlich gute **e)** sehr gute, die besten **f)** wunderschöne **g)** sehr schwierige, höchst komplizierte **h)** höchsten Ruhmes würdige ... Gedichte.

❹ a) ein Leben führen, leben **b)** eine Untat begehen **c)** Sklave sein, Sklavendienst leisten **d)** einen Sieg davontragen, einen Sieg erringen, siegen

❺ a) optimus: der beste, sehr gut → ein lebensbejahender Mensch – **pessimus:** der schlechteste, der schlimmste → Schwarzseher – **minimus:** der kleinste, der geringste → einer, der nur das Nötigste tut – **maior:** größer → Stimmenmehrheit, Überzahl – **maximus:** der größte, sehr groß → größter Wert, Höchstwert – **minor:** kleiner, geringer → Minderheit, Minderzahl

b) *mayor*, maior – *bueno*, bonus – *peor*, peior – *menor*, minor – *malo*, malus – *mejor*, melior

c) melior: besser – servare: bewahren – consilium: Rat – lavare: waschen – manus: Hand – cura: Sorge, Sorgfalt → „Für eine bessere Bewahrung: Man achte darauf (man rät), (das Kleidungsstück) von Hand mit Sorgfalt zu waschen."

❻ Deo Optimo Maximo: Jupiter

❼ a) sunt **b)** ibant **c)** irem **d)** sum **e)** isti **f)** ibimus **g)** sit **h)** fuero **i)** isses **j)** erimus **k)** eram **l)** it

❽ Subst. der 3. Dekl.: clamoris: Gen. Sg. – auctor: Nom. Sg. – mercatore: Abl. Sg. – **Subst. der o-Dekl.:** librorum: Gen. Pl. – auxiliorum: Gen. Pl. – **Verben:** capior: 1. Sg. Ind. Präs. Pass. – moveor: 1. Sg. Ind. Präs. Pass. – laudor: 1. Sg. Ind. Präs. Pass. – **Komparative:** clarioris: Gen. Sg. – tristiori: Dat. Sg. – maiorum: Gen. Pl. – pauperiore: Abl. Sg. – sapientiores: Nom. / Akk. Pl. *m / f* – peiorum: Gen. Pl. – melior: Nom. Sg. *m / f*

❾ a) meliori **b)** meliore **c)** minoris **d)** minores **e)** maior **f)** maiora

❿ a) clarissimum: Ich sehe einen sehr berühmten Dichter. **b) maxima:** Ich verurteile sehr große Verbrechen. **c) pessimi:** Sehr schlimme Verbrecher kommen. **d) diligentissimi:** Ich höre die Worte eines sehr gewissenhaften Zeugen. **e) potentissimo:** Ich gehorche dem mächtigsten Mann. **f) optima:** Ich freue mich über das sehr gute Gesetz. **g) minima:** Ich habe (auch) Angst vor den kleinsten / winzigen Tieren.

⓫ Aufgabe 1: Z. 1: alicui – Z. 2: sibi – Z. 3: eum – Z. 4: se – Z. 5: eos, mihi, id, ei – Z. 7: se – Z. 9: eis, his – Z. 10: ille, eos

Übersetzung Arion beschloss, nach Italien zu reisen, um an einem Wettbewerb der besten Dichter teilzunehmen (damit er ...). Nachdem er dort die meisten / sehr viele Dichter übertroffen und sich höchsten (größten) Ruhm erworben hatte, wollte er in die Heimat zurücksegeln (mit dem Schiff zurückkehren).
Weil die Seeleute gesehen hatten, dass Arion ziemlich reich war, fassten sie, von der Begierde nach Reichtum getrieben, den Plan, ihn auf hoher See ohne Zeugen zu töten. Als der höchst bedauernswerte (unglückliche) Dichter aber bemerkte, dass er den Verbrechern keinen Widerstand leisten konnte, flehte er sie an: „Erlaubt mir, vor meinem (gewaltsamen) Tod ein letztes Lied zu singen!" Dies erlaubten ihm die Männer, aber während Arion sang, waren plötzlich mehrere Delfine da.
Da stürzt sich Arion ins Meer, setzt sich auf den Rücken eines ziemlich großen Delfins und wird unverletzt an die Küste Korinths getragen.
Der Tyrann Periander fragte sie, ob sie zusammen mit Arion auf dem Schiff gewesen waren oder nicht. Obwohl / als diese dies verneinten, bestrafte sie jener, von heftigstem Zorn ergriffen, mit einem äußerst schlimmen Tod.

Aufgabe 2: a) Heimtückischer Plan der Seeleute, Arion aus Geldgier zu ermorden (cupiditate opum impulsi, interficere). Arion sieht keinen Ausweg (in mari alto, sine testibus, miserrimus, resistere non posse) und bittet um die Erfüllung eines letzten Wunsches (obsecravit, ultimum carmen). Die Seeleute fühlen sich sicher und geben die Erlaubnis (concesserunt). **b)** Die Erzählung wird lebhafter und Spannung wird erzeugt. **c)** Periander hat Arion und seine Kunst so hoch geschätzt, dass er über das Verhalten der Seeleute empört ist; dementsprechend hart fällt die Strafe aus

Aufgabe 3: Die Seeleute, die sich unter anderem an den Sternbildern orientieren.

Lektion 81

❶ a) felix: erfolgreich, glückbringend, glücklich → Erfolg, Glück **b) brevis:** kurz → Kürze **c) pauper:** arm → Armut **d) verus:** echt, richtig, wahr → Wahrheit, Aufrichtigkeit **e) humanus:** menschlich, gebildet → Menschlichkeit, Menschenfreundlichkeit; Bildung **f) dignus:** wert, würdig → Wert, Würdigkeit **g) gravis:** schwer → Schwere **h) novus:** neu, ungewöhnlich → Neuheit, das Ungewöhnliche **i) crudelis:** grausam → Grausamkeit **j) utilis:** nützlich → Nützlichkeit, Nutzen **k) vetus:** alt → Alter

❷ a) condicio: Bedingung, Lage – **vita:** das Leben – **durus:** hart – **gens:** Volk – **pauper:** arm → Condiciones vitae durissimae sunt et gens pauperrima est. **b)** Wer schläft, sündigt nicht. **c)** Die reifen Früchte dieser Pflanze stehen unter hoher Spannung; bei Berührung (Noli me tangere: Rühr mich nicht an!) explodieren sie, die Fruchtblätter rollen sich ein und die Samen werden weit herausgeschleudert.

❸ a) pius: der Fromme, Gerechte, Pflichtbewusste **b) honor:** Ehre → der Ehrwürdige, der Ehrenwerte **c) bene:** gut – **dicere:** sagen, sprechen → der, über den (Gott) Gutes (aus)gesprochen hat, d. h.: der Gesegnete **d) caelum:** Himmel → der dem Himmel Nahe, der mit dem Himmel Verbundene **e) A deo datus:** der von Gott Geschenkte, Gottesgeschenk

❹ a) Etwas halbherzig tun: halb wollen, halb nicht wollen. PPA zu velle (wollen) und nolle (nicht wollen) **b)** „Störe meine Kreise nicht!" Das heißt: Was kann so wichtig sein, dass du mich mitten in meinen (wissenschaftlichen) Überlegungen störst?

❺ velle: a, c, d, e, f, g, h, j, l, m, n, q, r – **volare:** b, g, i, k, o, p, r – **Doppelformen:** g, r

❻ a) nolunt → nolint → nolebant → nollent → nolent **b)** nolui → noluerim → nolueram → noluissem → noluero **c)** non vultis → nolitis → nolletis → nolueritis → noluissetis

❼ a) König Kreon hindert Antigone daran (hält sie zurück, hält sie ab), den Bruder mit Erde zu bedecken (dass sie …) **b)** Kreon sagt: „Bedecke deinen Bruder nicht mit Erde!" **c)** Antigone aber hütet sich davor (widersetzt sich, vermeidet es), gegen die Gesetze der Götter zu handeln (dass sie …). **d)** Antigone sagt: „Nicht einmal die Feinde missachten die Verehrung der Götter. Sei nicht gottlos!"

❽ a) „Ne emeris, Barbara, cibos dulciores! „Kauf keine allzusüßen Speisen, Barbara! **b)** Ne constiteris, Anna, apud amicam tuam! Leg keinen Halt bei deiner Freundin ein, Anna! **c)** „Ne abieritis, filiae, de via! Verlasst den Weg nicht, liebe Töchter! **d)** Ne verba feceritis, filiae, cum ignotis hominibus! Redet nicht mit Unbekannten, liebe Töchter! **e)** Cavete canem, filiae!" Nehmt euch in Acht vor dem Hund, liebe Töchter!"

❾ Aufgabe 1: Z. 1: pugnarent: nach cum, Temporalsatz – Z. 3: dixisset: nach cum, Kausalsatz – Z. 4: referrent: nach ut, Finalsatz – Z. 7: esset: nach cum, Kausalsatz – Z. 10: fuisset, capta esset: Irrealis der Vergangenheit

Übersetzung Während die Griechen gegen die Trojaner neun Jahre lang heftig kämpften, lebte Philoktet, von heftigsten Schmerzen gequält, auf der Insel. Im zehnten Jahr aber waren die Griechen (dazu) gezwungen, jenen unglücklichen Mann zurückzuholen (zurückzuführen), weil das Orakel geweissagt hatte, dass Troja nur (nicht …, wenn nicht) mit den Pfeilen des Philoktet zerstört werden könne!

So wurden der äußerst schlaue Odysseus und Neoptolemos ausgewählt, die Waffen des Philoktet zurückzubringen. Nachdem sie an der Küste der Insel angelangt (angekommen) waren, ging zuerst Neoptolemos zu dem Mann und sagte, dass er ihn in die Heimat zurückbringen wolle. Philoktet war überglücklich und vertraute diesem. Deshalb fühlte Neoptolemos, da er fromm und gerecht war, dass er einen Fehler gemacht hatte, und eröffnete dem Mann den Plan des Odysseus.

Nachdem der Plan des Odysseus aufgedeckt war, gab Philoktet die Hoffnung auf Rettung auf und rief: „Ihr unsterblichen Götter, euch rufe ich als Zeugen für diesen gottlosen Plan an. Lasst nicht zu, dass Odysseus, der mir dieses harte Leben eingebracht (auferlegt) hat, meine Pfeile raubt um des Sieges willen! Wenn jener nicht so grausam (von so grausamer Gesinnung) gewesen wäre, wäre die Stadt der Trojaner schon erobert (worden)!"

Aufgabe 2: Odysseus: Er ist äußerst schlau, sogar verschlagen (callidissimus, Z. 4). Er ist grausam (crudeli animo, Z. 10). – **Neoptolemos:** Er ist fromm und gerecht (pius et iustus, Z. 6). Deshalb eröffnet er Phloktet den schändlichen Plan des Odysseus (consilium aperuit, Z. 7). – **Philoktet:** Er befindet sich im Unglück (virum miserum, Z. 2). Er hat jede Hoffnung auf Rettung aufgegeben (de salute desperans, Z. 8).

Aufgabe 3: a) Odysseus hatte die Idee, ein hölzernes Pferd zu bauen, in dessen Bauch griechische Krieger Platz hatten. Nach dem angeblichen Abzug der griechischen Truppen brachten die Trojaner in ihrer Verblendung das Pferd in ihre Stadt, wo die Griechen nachts aus dem Pferd ausstiegen, die Tore öffneten und so Troja eroberten. **b)** Nachdem **Paris**, der Sohn des trojanischen Königs **Priamos**, **Helena**, die Gattin des Griechen **Menelaos**, von Sparta nach Troja entführt hatte, entbrannte ein zehnjähriger Kampf vor Troja um die Herausgabe der **Helena**. **Agamemnon**, der Bruder des **Menelaos**, führte den Kriegszug an und mit ihm waren die berühmtesten Helden gekommen, unter ihnen besonders **Achill**, der im Verlauf der Kämpfe **Hektor**, den Bruder des **Paris**, zu einem Zweikampf herausforderte und ihn dabei tötete. Als die Trojaner das hölzerne Pferd, das **Odysseus** hatte erbauen lassen, in die Stadt ziehen wollten, warnte der Seher **Laokoon** die Trojaner vor der Heimtücke der Griechen. Da Troja aber nach dem Willen der Götter fallen musste, wurden **Laokoon** und seine Söhne von zwei Schlangen getötet und die Trojaner schlugen seine Warnungen in den Wind. So wurde Troja schließlich erobert.

Lektion 82

❶ a) portare: bringen, tragen → tragbar **b) incredibilis:** unglaublich → unglaublich **c) terrere:** erschrecken → schrecklich **d) posse:** können, **in-** bewirkt die Verneinung → unmöglich **e) accipere:** erhalten, erfahren, annehmen → annehmbar, akzeptabel **f) vincere:** (be)siegen, übertreffen, **in-** bewirkt die Verneinung → unbesiegbar.

❷ a) repellere: zurückstoßen – **recipere:** zurücknehmen, wiederbekommen – **remanere:** zurückbleiben – **referre:** zurückbringen – **retinere:** zurückhalten – **restituere:** wiederherstellen – **reducere:** zurückführen, zurückziehen. **b) recedere:** zurückgehen, zurückweichen – **removere:** zurückbewegen – **recurrere:** zurücklaufen, zurückeilen – **reparare:** wiedererwerben, wiederherstellen – **revocare:** zurückrufen – **retrahere:** zurückschleppen, zurückziehen – **remittere:** zurückschicken, (wieder) loslassen – **reportare:** zurücktragen, zurückbringen

❸ Präp. m. Akk. post, per, ad, inter, ante, circum, propter, extra, trans, contra – **Präp. m. Akk. / Abl.** in, sub – **Präp. m. Abl.** ab, sine, cum, ex, de, pro

❹ Auditorium: audire → Zuhörerschaft – **Adoleszenz:** adulescens → jugendliches Alter, Jugend – **Solo:** solus → ein Auftritt allein – **Kommissar:** committere (PPP commissum) → Person, der eine Aufgabe anvertraut ist – **Jurist:** ius → Rechtsvertreter – **Kustos:** custos → Wächter, Hausmeister – **Sermon:** sermo → Gerede, Äußerung – **incredibile** (ital.): incredibilis → unglaublich – **Komponist:** componere → Verfasser (besonders von musikalischen Werken) – **Motiv:** movere (PPP motum) → Beweggrund – **obskur:** obscurus → dunkel, verborgen

❺ A Strafe ↔ 10 Belohnung | B Haft ↔ 13 Freiheit | C junger Mann ↔ 9 Greis | D wild ↔ 12 sanft | E gewaltig ↔ 2 klein | F schließen ↔ 8 öffnen | G beide ↔ 7 allein | H Bewohner der Unterwelt ↔ 5 Götter | I hart ↔ 11 weich | J Gespräch ↔ 1 Schweigen | K heimisch ↔ 6 fremd | L dunkel ↔ 3 hell | M Freude ↔ 4 Trauer

❻ a) eant – irent – ierint – issent – **b)** des – dares – dederis – dedisses – **c)** sim – essem – fuerim – fuissem – **d)** debeat – deberet – debuerit – debuisset

❼ a) laudes **b)** audiatis **c)** commiseris **d)** nollem, -s, -t **e)** pudeat **f)** attingas **g)** iunxissem, -s, -t **h)** iungas **i)** constent **j)** reciperem, -s, -t **k)** eant **l)** regat **m)** imposuerint

❽ a) caveat: Kreon soll sich vor dem Unrecht hüten! **b) vertant:** Die Götter sollen das harte Urteil (die harte Meinung) des Königs wenden! **c) Ne ... desperaveris:** Gib die Hoffnung auf Rettung nicht auf! **d) speremus:** Lasst uns auf eine glückliche Zukunft hoffen / Wir wollen ... erhoffen!

❾ a) Die Liebe soll uns immer verbinden! **b)** Der Vater soll dir nicht diese unglaubliche Strafe auferlegen! **c)** Lass uns bald die Hochzeit festsetzen! **d)** Lass uns leben und uns lieben!

❿ a) Die Tür soll sich öffnen! **b)** Die Fenster sollen sich schließen! **c)** Der Hund soll sich in ein Pferd verwandeln! **d)** Der Tisch soll sich decken! **e)** Die Tempel sollen sich bewegen. Das Haus soll sich bewegen!

⓫ Aufgabe 1: Konjunktive im Hauptsatz (grün): pudeat (2x), liberent, conficiamus, quaeramus, liberemus, emeritis, attingat – **Konjunktive im Gliedsatz** (blau): desiderarent, mutaretur, peteret, possint

Übersetzung Mars, der wilde Gott, hatte Eirene, die Göttin des Friedens, geraubt und in einem dunklen Gefängnis verborgen. Weil sich aber alle Menschen nach Eirene sehnten, fasste Trygaios, ein Mann aus dem einfachen Volk, einen unglaublichen Beschluss: Er gab einem gewissen Käfer eine ziemlich große Menge Pferdemist; so (damit) bewirkte er, dass sich der Käfer in kurzer Zeit in ein riesiges (sehr großes) Tier verwandelte. Dann setzte sich Trygaios auf den Rücken des Tieres und flog zum Himmel (hinauf), um von den Göttern Hilfe zu erbitten.
Dort aber verkündete Merkur ihm Folgendes: „Bitte die Götter nicht um Hilfe! Weil die Menschen den Frieden nicht bewahren können, verdienen sie keine Hilfe (sind sie der Hilfe unwürdig); deshalb sind die Götter äußerst erzürnt (von heftigstem Zorn bewegt) weggegangen. Schämt euch! Die Menschen sollen sich des Krieges schämen! Die Menschen sollen doch° selbst Eirene befreien!"
Nachdem Trygaios zur Erde zurückgeflogen war, feuerte er alle Bürger an (ermunterte er ...): „Lasst uns, verbunden in Eintracht / mit der Göttin der Eintracht, den Bürgerkrieg beenden! Lasst uns Eirene suchen und sie aus dem Gefängnis befreien!"
Nachdem Eirene gefunden (worden) war, freuten sich alle; aber die Göttin ermahnte sie: „Kauft keine Waffen, sondern andere Dinge, die° notwendig sind° für ein friedliches Leben!" Auch heute noch soll diese Geschichte unsere Herzen berühren!

Aufgabe 2: a) Die Idee, einen Käfer zu mästen, ist absurd und komisch. Weiter auch die Szene, dass ein Mensch auf diese Weise zu den Göttern fliegt und mit ihnen spricht. **b)** Mitten im Krieg will Aristophanes den Menschen vor Augen halten, dass sie selbst für den Frieden verantwortlich sind. Das heißt, sie können sich nicht nur auf die Götter bzw. die Politiker verlassen, sondern müssen auch selbst etwas dafür tun. **c)** Trygaios wählt für seinen Aufruf Hortative (Z. 15), Eirene für ihre Mahnung bzw. Warnung den Prohibitiv (Z. 16 f.).

Selbsttest zu den Lektionen 77–82

❶ a) aliquo: „Durch irgendein Geräusch wurde ich erschreckt. **b) aliquem:** Ich fühle, dass irgendein fremder Mensch im Haus ist **c) aliquod:** Ist es irgendein Tier? **d) aliqui:** Ist das etwa nicht ein Dieb? **e) aliquas:** Gewiss sucht er irgendwelche wertvollen Dinge. **f) aliqui:** Auch wenn irgendwelche Verbrecher da sind, werde ich diese tapfer vertreiben. **g) aliquos:** Gott sei Dank! Jener Dieb wollte nur irgendwelche Speisen ‚rauben'!" (je 1 BE)

❷ caveas: 2. Sg. Konj. Präs. (cavere), **peccaverim:** 1. Sg. Konj. Perf. (peccare), **noluissem:** 1. Sg. Konj. Plusqpf. (nolle), **iungeret:** 3. Sg. Konj. Impf. (iungere), **moneat:** 3. Sg. Konj. Präs. (monere), **compararem:** 1. Sg. Konj. Impf. (comparare), **recepissent:** 3. Pl. Konj. Plusqpf. (recipere), **sapiat:** 3. Sg. Konj. Präs. (sapere) (je ½ BE)

❸ A2 divitiore: Abl. Sg. *m / f / n* → divitissimo *m / n* – **B1 pauperiores:** Nom. / Akk. Pl. *m / f* → pauperrimi *m* – **C6 felicioris:** Gen. Sg. *m / f / n* → felicissimae *f* – **D5 tristius:** Nom. / Akk. Sg *n* → tristissimum – **E3 facilioribus:** Dat. / Abl. Pl. *m / f / n* → facillimis – **F4 miseriorum:** Gen. Pl. *m / f / n* → miserrimorum *m / n* (je 1 BE)

❹ a) certissimus **b)** saevissimus **c)** minimus **d)** dulcissimus **e)** nigerrimus **f)** divitissimus **g)** stultissimus **h)** sanctissimus **i)** tristissimus **j)** novissimus **k)** antiquissimus **l)** maximus **m)** facillimus (je 1 BE; höchstens 7 BE)

❺ Fehler: „von einem anderen", „weise", „den Weisesten". Richtig: Sokrates wurde der Weiseste genannt und suchte auf dem Forum einen anderen Weiseren. (je gefundener Fehler 1 BE; je richtige Verbesserung 1 BE)

❻ a) noli fallere **b)** nolite referre (je 1 BE)

❼ a) 4+7 Sie waren Brüder, aber auch Feinde. **b) 10+15** Sie verfassten berühmte Gedichte. **c) 11+1** Dieser lobte die riesigen Schätze von jenem nicht. **d) 12+2** Sie waren in Liebe verbunden. **e) 13+9** Jener löste deren Rätsel. **f) 14+6** Beide halfen ihrer Mutter. **g) 5+16** Jene Männer suchten nach dem Urstoff. **h) 8+3** Diese verkündeten dessen gewaltsamen Tod. (pro Name ½ BE)

Lektion 83

❶ a) Leichtigkeit, Leichtsinn **b)** erleichtern, lindern **c)** wünschenswert **d)** fehler-, mangel-, lasterhaft **e)** unverdorben, unversehrt, unbestechlich

❷ a) more maiorum: nach Art der Vorfahren ↔ **sine mora:** ohne Verzögerung, unverzüglich **b) voluptas:** Lust, Vergnügen ↔ **voluntas:** Wille, Absicht **c) deligere:** (aus)wählen ↔ **diligere:** hochachten, lieben

❸ a) operis: Gen. Sg. von opus: des Werkes, der Arbeit – **opis:** Gen. Sg. von ops: der Hilfe, der Kraft – **oris:** Dat. / Abl. Pl. von ora; Gen. Sg. von os: des Gesichtes, des Mundes – **orbis:** Nom. Sg. von orbis: Kreislauf, Erdkreis, Welt; Gen. Sg. von orbis: des Kreislaufs, des Erdkreises, der Welt

b) vis: Nom. Sg. von vis: Gewalt, Kraft, Menge; 2. Pers. Sg. Ind. Präs. von velle: du willst – **viis:** Dat. / Abl. Pl. von via – **viris:** Dat. / Abl. Pl. von vir – **vicis:** Dat. / Abl. Pl. von vicus – **vitiis:** Dat. / Abl. Pl. von vitium – **virginis:** Gen. Sg. von virgo: des Mädchens, der Jungfrau

❹ a) Cato: „Tota urbe <u>philosophos</u> Graecos video, qui orationes leves habent et mentes civium <u>perturbant</u>. **b)** Romani potius libros Graecos <u>legunt</u> quam ut laborent. **c)** <u>More</u> Graecorum vivunt ac bibunt. **d)** Vitiis Graecorum <u>corrupti</u> sunt. **e)** Velim isti philosophi <u>abeant</u> et Romam <u>relinquant</u>!" **f)** Flamininus: „Te ipsum cultus Graecorum <u>corrupit</u>, nam opera Graeca <u>diligis</u>. **g)** Etiam scio te linguam Graecam <u>didicisse</u>." **h)** Cato: „Alii <u>voluptates</u> Graecorum amant, sed ego virtutes eorum colo. **i)** Utinam cuncti Romani meo more <u>viverent</u>! Vale!"

❺ a5 Haemon: (erfüllbarer Wunsch der Gegenwart) Hoffentlich tötet mein Vater das Mädchen Antigone nicht! | **b2 Tiresias:** (unerfüllbarer Wunsch der Gegenwart) Würde Creon doch aufhören, grausam gegen Polyneikes vorzugehen! | **c1 Antigona:** (erfüllbarer Wunsch der Gegenwart) Hoffentlich ist es mir gestattet, meinen Bruder in der Erde zu bestatten! | **d8 Sappho:** (unerfüllbarer Wunsch der Gegenwart) Würde ich doch nicht ein elendes Leben im Exil verbringen! | **e3 Cato:** (unerfüllbarer Wunsch der Vergangenheit) Hätten doch die Reden der griechischen Philosophen nicht den Charakter der römischen Bürger verdorben! | **f10 Ibycus:** (erfüllbarer Wunsch der Vergangenheit) Hoffentlich sind die Kraniche Zeugen meines Todes gewesen! | **g4 Oedipus:** (unerfüllbarer Wunsch der Vergangenheit) Hätte ich meine Mutter doch nicht zu meiner Frau gemacht! | **h9 Thales:** (erfüllbarer Wunsch der Gegenwart) Hoffentlich finde ich heraus, aus welchen Dingen die Erde besteht! | **i6 Croesus:** (unerfüllbarer Wunsch der Vergangenheit) Hätte Solon mich doch den Glücklichsten aller Menschen genannt! | **j7 Creon:** (unerfüllbarer Wunsch der Vergangenheit) Hätte ich doch nicht Sohn und Ehefrau verloren!

❻ a) Die Götter mögen dir alles Gute geben! **b)** Die Götter mögen dies zum Guten (gut) wenden! **c)** Gott gebe es! **d)** (Der) Friede sei mit euch!

❼ Aufgabe 1: velim litteras nostras discas (Z. 8) – haec scias (Z. 9)

Übersetzung Cato war nicht nur ein strenger und mächtiger Senator, sondern auch ein guter Vater: Als seine Frau ihm einen Sohn geboren hatte, half er der Mutter immer, wenn sie den Knaben versorgte (pflegte). Sobald der Knabe heranwuchs, unterrichtete sein Vater ihn selbst, obwohl er einen sorgfältigen griechischen Sklaven hatte. Er fürchtete nämlich, dass sein Sohn durch die schlechten Eigenschaften und Vergnügungen der leichtsinnigen Griechen verwirrt würde, wenn er von dem Sklaven unterrichtet würde; deshalb schrieb er selbst mit großen Buchstaben die Taten berühmter römischer Männer auf Schreibtafeln, damit seinem Sohn im Haus seines Vaters die Leistungen der Vorfahren vor Augen standen (gestellt waren).

Es ist ein Brief Catos, des Vaters, der an seinen Sohn geschrieben war, überliefert, in dem Cato – veranlasst (bewegt) von Hass auf die Griechen – Folgendes sagt:

„Mein Sohn, hoffentlich lernst du unsere Wissenschaften! Wenn du nämlich griechische Bücher gelesen hast (haben wirst), wirst du leicht verdorben werden und nach Art der Griechen das Vergnügen und die schlechten Eigenschaften lieben. Aber wisse Folgendes: Die Griechen wollen alle Barbaren durch ihre Medizin töten. Auch uns nennen sie Barbaren! Ich wünsche daher, dass du dich vor den Griechen und ihren Werken hütest! Lebe wohl!"

Aufgabe 2: a) „Lang ist der Weg über Belehrung, kurz und wirksam über Vorbilder." Cato schreibt für seinen Sohn die Lebensläufe und Taten bewundernswerter Römer auf Tafeln und stellt sie im Haus auf, damit der Kleine diese Vorbilder (exempla) immer vor Augen hat. Somit muss der Sohn hier nicht andauernd belehrt werden (praecipere / praecepta), sondern die Vorbilder sprechen für sich.
b) abhängiger Begehrsatz. Weitere Ausdrücke sind: periculum est, ne: es besteht Gefahr, dass | metuere, ne: (sich) fürchten, dass | cavere, ne: sich davor hüten, dass

Aufgabe 3: Cato hatte erkannt, dass man von den Griechen sehr viel lernen konnte – und zwar von ihren technischen Errungenschaften, aber auch ihren literarischen Werken. Deshalb schulte er sich für seine eigene Tätigkeit als Schriftsteller dadurch, dass er die Werke griechischer Autoren studierte.

Lektion 84

❶ a) certe: gewiss, sicherlich ↔ ceterum: übrigens, im Übrigen **b)** colligo: ich sammle ↔ colo: ich bewirtschafte, pflege, ehre **c)** memor: in Erinnerung an ↔ memoria: Erinnerung, Gedächtnis, Zeit **d)** illic: dort ↔ illi: jenem / jener / jenem (Dat. Sg. von ille, illa, illud), jene (Nom. Pl. *m* von ille) **e)** resto: ich bleibe übrig, leiste Widerstand ↔ resisto: ich bleibe stehen, leiste Widerstand ↔ restituo: ich stelle wieder her **f)** ingenium: Begabung, Talent, Verstand ↔ initium: Anfang, Eingang ↔ incendium: Brand, Feuer **g)** rui: ich stürzte, eilte, stürmte ↔ rupi: ich zerbrach ↔ ruri: auf dem Land

❷ a) Soldaten zusammenziehen **b)** sich Zorn zuziehen **c)** der Brand der Stadt **d)** leidenschaftliche Liebe **e)** ein Zeitraum von zwanzig Tagen **f)** der Abstand zwischen den Heeren **g)** das fehlt noch **h)** die Feinde leisten Widerstand **i)** in Erinnerung an die Wohltat

❸ a) jdn. beleidigen **b)** jdn. verbannen **c)** jdm. wehtun **d)** jdn. hinrichten (lassen) **e)** jdn. verwunden **f)** jdn. bestrafen **g)** jdn. ehren **h)** jdn. ängstigen **i)** jdn. beschenken **j)** jdn. belohnen

❹ Waagerecht 4. venturum **9.** appeturae **10.** arcessitura **11.** habiturum **13.** rupturos **14.** necaturae | **Senkrecht 1.** futuri **2.** vocaturae **3.** victuri **5.** reprehensuros **6.** decreturae **7.** petituro **8.** servaturis **12.** missurum

❺ a) allaturi: Die Feinde wollten die Heimat vernichten (der Heimat die Vernichtung bringen). **b) defensurus:** Der Soldat will die Stadt verteidigen. **c) affecturus:** Der Herr wollte den Sklaven bestrafen (mit einer Strafe versehen). **d) empturus:** Der Händler will ein Pferd kaufen. **e) commissurus:** Coriolan wollte ein Verbrechen begehen. **f) deleturus:** Scipio wollte Karthago nicht zerstören. **g) spectaturae:** Die Frauen betreten das Amphitheater, um den Gladiatoren zuzusehen. **h) gesturi:** Die Punier wollten Kriege führen. **i) capturus:** Hannibal wollte zu den Waffen greifen (die Waffen ergreifen). **j) auditura:** Das einfache Volk schwieg, weil es die Worte des Kaisers hören wollte.

❻ Aufgabe 1: affecturus (Z. 6), deleturus (Z. 6), gesturos (Z. 7)

Übersetzung „Scipio war ein solcher Freund, wie niemand es jemals sein wird – wie ich glaube – und° es gewiss keiner (je) war. Also werde ich von Scipios Tod ganz° besonders berührt (bewegt). Aber mir verschafft vor allem Folgendes Trost: Ich glaube nicht, dass Scipio etwas Schlechtes passiert ist. Ich meine nämlich, dass durch den Tod nicht alles zerstört wird. Sondern ich glaube, dass die Seelen der Menschen nach dem Tod in den Himmel zurückkehren. Deshalb ist mit Scipio gut verfahren (gehandelt) worden. Was nämlich hätten diesem wenige zusätzliche (hinzugefügte) Jahre geholfen? Denn sein Leben war großartig. Ihr wisst nämlich, dass der vornehme Mann seiner Mutter gegenüber pflichtbewusst, den Seinen gegenüber gut, allen gegenüber gerecht und° den Überheblichen gegenüber hart war. Nach Afrika kam er, um die Punier zu bestrafen. Er wollte Karthago nicht zerstören. Dennoch war es nötig, dass er die Feinde auslöschte, weil sie neue Kriege führen wollten. Wenn doch die Nachfahren der Dido nicht so überheblich gewesen wären!"

Aufgabe 2: a) amicus – vita praeclara – vir nobilis – pius [erat] in matrem – bonus [erat] in suos – iustus [erat] in omnes – durus [erat] in superbos – Carthaginem deleturus non erat

b) Am Ende dieses Satzes wird vier Mal die gleiche Wortstellung verwendet: pium in matrem – bonum in suos – iustum in omnes – durum in superbos. – Zunächst wird Scipio mit einem Adjektiv charakterisiert, dann folgt vier Mal die Präposition in, und zum Schluss werden die Personen angegeben, mit denen Scipio zu tun hat. All das passiert, damit diese Passage sich dem Leser gut einprägt. Man bezeichnet dieses vom Autor verwendete Stilmittel wegen der parallelen Wortstellung als **Parallelismus**. Darüber hinaus ist eine Steigerung erkennbar: Das Gesagte wird nach und nach immer wichtiger und zeugt in immer stärkerem Maße von der großen Bedeutung, die Scipio nicht nur im kleinen Kreis, sondern auch im Staat besaß. Eine derartige Steigerung nennt man **Klimax**.

Aufgabe 3: a) Ein Freund ist ein Geist in zwei Körpern. **b)** Das Glück verschafft dir° einen Freund, das Unglück erprobt ihn. **c)** Einen sicheren Freund erkennt man in unsicherer Lage.

Lektion 85

❶ a) Kriegsdienst **b)** Reichlichkeit, Überfluss, Genüge **c)** Verschwörer **d)** Tischgenosse, Gast **e)** sättigen **f)** untätig, müßig, friedlich **g)** Kriegsdienst leisten **h)** Retter **i)** Annäherung, Zuwachs **j)** Genüge tun, Ersatz leisten **k)** vertrauter Umgang, Freundschaft **l)** Großhändler, Geschäftsmann **m)** Aufbewahrung, Erhaltung

❷ a) 1 paulatim 2 plus 3 prope 4 protinus 5 paulo 6 proinde 7 parum 8 palam 9 propter 10 post 11 primum | **b)** 1 quo 2 quot 3 quare 4 quotiens 5 quod 6 quamquam 7 quemadmodum 8 quasi 9 quidnam 10 quoque 11 quoniam

❸

Präs. Akt.	Präs. Pass.	Perf. Akt.
docere	doceri	docuisse
diligere	diligi	dilexisse
legere	legi	legisse
capere	capi	cepisse
audire	audiri	audivisse

Perf. Pass.	Fut. Akt.
doctum esse	docturum esse
dilectum esse	dilecturum esse
lectum esse	lecturum esse
captum esse	capturum esse
auditum esse	auditurum esse

❹ a) servaturum esse: Die Bürger: „Wir hoffen, dass der Konsul uns retten wird." **b) scripturum esse:** Atticus: „Ich hoffe, dass Cicero mir (an mich) viele Briefe schreiben wird." **c) respecturos esse:** Die alten Männer: „Wir hoffen, dass die jungen Männer unser Ansehen berücksichtigen werden." **d) acturum esse:** Catull: „Ich hoffe, dass ich ein Leben voller Muße leben werde." **e) futurum esse (fore):** Cicero: „Ich hoffe, dass ich ein berühmter Mann sein werde." **f) cognituros esse:** Die neuen Dichter: „Wir hoffen, dass viele Menschen unsere Gedichte kennenlernen werden."

❺ a) laesurum esse: „Ich hätte nicht geglaubt, dass Catull mich verletzen würde." **b) accessurum esse:** Catull sagt, er werde sich niemals politisch betätigen. (C. verneint, dass er sich jemals ...) **c) risuros esse:** Ich hoffe, dass alle ihn auslachen werden. **d) victurum esse:** Catull erklärt, er werde ein Leben voll Ruhe führen (dass er ... führen werde). **e) lecturum esse:** Ich bekräftige, dass ich seine Gedichte (die Gedichte von diesem Mann°) niemals lesen werde." **f) reprehensurum esse:** „Ich weiß, dass er uns immer kritisieren wird. **g) scripturum esse:** Ich hoffe, dass ich bessere Gedichte als jener schreiben werde. **h) laesura esse:** Ich erwarte, dass unsere Gedichte ihn verletzen werden."

❻ Aufgabe 1: Inf. Fut. Akt.: delectaturum esse (Z. 2), rediturum esse (Z. 3), necaturos esse (Z. 5), daturum (esse) (Z. 6), relicturum esse (Z. 6), affecturum esse (Z. 11) | PFA: visurus (Z. 1), transiturus (Z. 4), rapturi (Z. 5), narraturus (Z. 11)

Übersetzung Der Dichter Arion kam nach Sizilien und Italien, weil er jene großartigen Länder sehen wollte. Auch hoffte er, dass er die Bürger der Städte mit seiner Kunst erfreuen werde. Und tatsächlich schätzten die Menschen ihn und beschenkten ihn – in Erinnerung an seine Lieder – mit bedeutenden Gaben. Dann sagte er, er werde in seine Heimat zurückkehren (dass er ...), und bestieg ein wenig später ein Schiff, um das Meer zu überqueren.
Weil sie das Geld des Dichters rauben wollten, beschlossen die Seeleute aber auf hoher See, den Dichter zu töten (dass sie ...). Weil er die Gefahr spürte, versprach der Dichter, dass er den Verbrechern seinen ganzen Besitz geben und dann das Schiff verlassen werde. Im Übrigen sagte er, er wolle ein trauriges Lied singen. Nachdem er dieses Lied gesungen hatte, stürzte Arion sich kopfüber in die Fluten. Dort rettete ein Delfin den Dichter vor dem Tod, indem er ihn nach Griechenland trug.
Die Seeleute aber, die nicht wussten, dass ihm ein Delfin zu Hilfe gekommen war, meinten, Arion sei tot (dass ... tot sei). Der Dichter aber eilte zu König Periander, seinem Freund, um ihm alles, was sich ereignet hatte, zu erzählen. Der König versprach sofort, er werde die Seeleute bestrafen (dass er ... bestrafen werde).

Aufgabe 2: Der Dichter Arion wird auf wundersame und völlig unerwartete Weise vor dem Tod durch Ertrinken gerettet – vermutlich durch das Eingreifen der Götter. Das Verbrechen, das die Seeleute begehen, ist dadurch umso ungeheuerlicher, denn sie wollten nicht irgendeinen Menschen töten, sondern einen, der durch sein Können den Göttern besonders lieb sein musste.

Aufgabe 3: Die Gestalt hält eine Kithara (ein Saiteninstrument) in der Hand – in Verbindung mit dem Delfin ein eindeutiges Zeichen, dass es sich bei dem Dargestellten um den Dichter Arion handelt.

Lektion 86

❶ a) inde: von dort, darauf, deshalb – illic: dort – istic: da, dort – huc: hierher – illuc: dahin, dorthin **b)** praeterea: außerdem – postea: nachher, später – antea: vorher, früher **c)** videre: sehen – visere: besichtigen, besuchen – vivere: leben – vincere: (be)siegen, übertreffen **d)** posse: können – possidere: besitzen – postulare: fordern **e)** aut ... aut: entweder ... oder – et ... et: sowohl ... als auch – neque ... neque: weder ... noch – modo

... modo: manchmal ... manchmal – tam ... quam: so ... wie
f) premere: (unter)drücken, bedrängen – prehendere: ergreifen, nehmen – comprehendere: begreifen, ergreifen, festnehmen – reprehendere: schimpfen, kritisieren **g)** occidere: zu Boden fallen, umkommen, untergehen – occīdere: niederschlagen, töten – occupare: besetzen, einnehmen – occurrere: begegnen, entgegentreten

❷ **a)** 6 – **b)** 7 – **c)** 9 – **d)** 4 – **e)** 5 – **f)** 2 – **g)** 3 – **h)** 1 – **i)** 8

❸ **a)** einen Freund ermutigen **b)** der wertlose Ruhm **c)** ein günstiger Zugang **d)** die Küste besichtigen **e)** nur das Spiel / die Schule im Sinn haben **f)** alle Teile des Staates **g)** das kleine Buch überbringen **h)** das Fenster schließen **i)** das Ansehen des Prätors **j)** den Bau erblicken

❹ **a) promittere:** versprechen **laborare:** arbeiten **respondere:** antworten **scribere:** schreiben **videre:** sehen **aperire:** öffnen **remanere:** bleiben | **b) claudere:** schließen, abschließen, einschließen **clarus:** klar, hell, berühmt **plenus:** voll **placere:** gefallen | **c)** „Geschlossen wegen Restaurierungsarbeiten." – it. *chiuso* → lat. clausus, a, um: geschlossen; it. *per* → lat. per: durch ~ wegen, aufgrund; it. *restauro* → dt. Restaurierung (von lat. restaurare: wiederherstellen)

❺ **Waagerecht** 2. optime 5. peius 10. pulchrius 11. plus 14. celerrime 15. melius 16. fortissime 17. pessime 18. familiarius 19. facillime 20. diligentius | **Senkrecht** 1. honestissime 3. felicius 4. plurimum 6. sapientissime 7. dulcius 8. crudelius 9. pulcherrime 12. celerius 13. frequentius

❻ **a)** ziemlich gut / sehr gut **b)** ziemlich schlecht / sehr schlecht **c)** ziemlich viel / sehr viel **d)** ziemlich tapfer / sehr tapfer **e)** ziemlich leicht / sehr leicht

❼ **a)** Titus redet schöner als Cicero. **b)** Er kämpft erfolgreicher als Cäsar. **c)** Er lebt ehrenhafter als Augustus. **d)** Er urteilt weiser als Solon. **e)** Er liebt die griechische Bildung / Lebensweise mehr als Scipio.

❽ **a)** Antigone, die ihr kennt, war die Schwester des Polyneikes. **b)** Wie tapfer jene Frau war! **c)** Keine Frau war gewissenhafter als jene. **d)** Denn sie verlangte, dass ihr toter Bruder möglichst ehrenhaft bestattet wurde.

❾ **Aufgabe 1:** accusare: anklagen, beschuldigen basilica: Gerichtshalle crimen: Verbrechen, Vorwurf, Beschuldigung culpa: Schuld damnare: verurteilen fur: Dieb interficere: töten iudex: Richter iudicare: (be)urteilen iudicium: Gericht, Urteil iurare: schwören ius: Recht iustus: gerecht lex: Gesetz poena: Strafe praetor: Prätor (für die Rechtsprechung zuständiger Beamter) sceleratus: Verbrecher, verbrecherisch scelus: Verbrechen, Schurke supplicium: Strafe, Hinrichtung testis: Zeuge / Zeugin vincula: Gefängnis

Übersetzung Mäzenas war ein Freund des Augustus, der den Staat viele Jahre (lang) sehr weise und sehr gerecht regierte. Das Wesen des Augustus war jedoch vielfältig: Der Kaiser war manchmal von sanfter Stimmung (Gesinnung), manchmal von ziemlich heftiger Stimmung. Aber Mäzenas hatte bei Augustus, der nicht aufhörte, selbst die höchste Tüchtigkeit einzufordern (zu verlangen) und den verdorbenen Charakter der Bürger aufs Energischste (sehr energisch) zu tadeln (zu kritisieren), sehr großen Einfluss. Oft lenkte (bog) er dessen Pläne durch das Ansehen, das er bei seinem sehr mächtigen Freund besaß, zum Besseren und kam sehr vielen Leuten° zu Hilfe:
Einst sprach Augustus Recht und wollte viele Verbrecher hinrichten lassen. Anwesend war dort Mäzenas, den der Kaiser in vielen (über viele) Angelegenheiten ziemlich häufig zu Rate zog (um Rat fragte). Weil dieser wegen der Menschenmenge keinen Zugang zu Augustus hatte, schrieb er auf eine Schreibtafel möglichst schnell folgende Worte: „Steh endlich auf, Henker!" Diese Schreibtafel nahm er und warf sie zu Augustus (hin). Nach dem Lesen dieser Worte erhob sich der Kaiser schnell und gab den Befehl, die Angeklagten zu töten, nicht.

Aufgabe 2: Natürlich ist der auf einem erhöhten Podest Thronende der Kaiser Augustus. Der aus der Betrachterperspektive links von ihm Stehende ist Mäzenas, der dem Kaiser die Künste vorstellt. Die drei Frauengestalten vor Augustus' Thron stellen die Malerei, die Bildhauerei und die Architektur dar. Die Frau mit der Palette, dem Utensil der Maler, steht für die Malerei. Der Greis, der von einem Jungen gestützt wird, muss als der griechische Dichter Homer gedeutet werden.

Lektion 87

❶ **paulo:** (um) ein wenig **ergo:** also, deshalb **raro:** selten **immo:** im Gegenteil, ja sogar **nemo:** niemand **octo:** acht **postremo:** schließlich **primo:** zuerst **profecto:** sicherlich, tatsächlich **subito:** plötzlich **quando:** wann **duo:** zwei **ambo:** beide (zusammen)

❷ **a) nec:** und nicht, auch nicht **nex:** Mord, (gewaltsamer) Tod **nox:** Nacht **vox:** Stimme, Äußerung, Laut **vix:** kaum, (nur) mit Mühe **vir:** Mann **ver:** Frühling **per:** (hin)durch **pes:** Fuß **res:** Angelegenheit, Ding, Sache **rus:** Feld, Land(gut) **ius:** Recht **b) pecus:** Vieh **pectus:** Brust, Herz **c) capere:** fassen, nehmen, erobern **carpere:** pflücken, genießen, nutzen **d) otium:** freie Zeit, Ruhe, Frieden **odium:** Hass

❸ Den Genitiv bilden die folgenden Substantive auf -oris: litus, oris – pecus, oris – corpus, oris – pectus, oris – tempus, oris. | Die anderen Substantive und ihre Genitivformen lauten: virtus, utis – ventus, i – genus, eris – cursus, us – munus, eris – casus, us – scelus, eris – vultus, us – vulnus, eris.

4 a) beschäftigt mit der Befestigung des Lagers b) voller Neid sein c) von jemandem beneidet werden d) Zeugenaussagen e) sich in die Burg zurückziehen f) der vergöttlichte Augustus

5 a) *La verità è nel vino.* b) *Umana cosa è errare.* c) *Ogni promessa è debito.* d) *L'ozio è il padre di tutti vizi.* e) *Povertà non è vizio.*

6 a) <u>persuadendi</u>: Gerundium im Gen. – persuasi: 1. Pers. Sg. Ind. Perf. Akt. bzw. PPP (Gen. Sg. *m* / Nom. Pl. *m*) – persuaderi: Inf. Präs. Pass. – persuadenti: PPA (Dat. Sg.) ■ b) addidi: 1. Pers. Sg. Ind. Perf. Akt. – <u>addendi</u>: Gerundium im Gen. – addenti: PPA (Dat. Sg.) – additi: PPP (Gen. Sg. *m* / Nom. Pl. *m*) – addi: Inf. Präs. Pass. ■ c) fundi: Inf. Präs. Pass. – <u>fundendi</u>: Gerundium im Gen. – fudi: 1. Pers. Sg. Ind. Perf. Akt. – fundenti: PPA (Dat. Sg.) ■ d) superanti: PPA (Dat. Sg.) – superati: PPP (Gen. Sg. *m* / Nom. Pl. *m*) – superari: Inf. Präs. Pass. – <u>superandi</u>: Gerundium im Gen. – superavi: 1. Pers. Sg. Ind. Perf. Akt. ■ e) vocati: PPP (Gen. Sg. *m* / Nom. Pl. *m*) – <u>vocandi</u>: Gerundium im Gen. – vocavi: 1. Pers. Sg. Ind. Perf. Akt. – vocari: Inf. Präs. Pass. – vocanti: PPA (Dat. Sg.)

7 a) Redekunst b) Liebeskunst c) Sangeskunst d) Lerneifer e) Lebensweise f) Siegeswille g) Reiselust h) lernbegierig i) kampfbereit

8 a) Wer lernbegierig ist, wird ein guter Schüler sein. b) Viele Schüler trainieren sich, indem sie gern schreiben und lesen. c) Wir sind um des Lernens willen in der Schule. d) Der wird am meisten zum Lehren geeignet sein, der am meisten gelernt hat. e) Der Verstand ist dem Menschen zum Denken gegeben.

9 a) Durch Nichtstun lernen die Menschen, schlecht zu handeln. | Menschen, die nicht ausgelastet sind, weil sie nichts zu tun haben, geraten aus Langeweile oft auf die schiefe Bahn. b) Ein Gerücht wächst dadurch, dass es sich verbreitet (geht). | Von je mehr Leuten ein Gerücht weitererzählt wird, desto mehr wird es aufgebauscht, weil der Mensch zur Übertreibung neigt.

10 Aufgabe 1: quondam: einmal, einst, manchmal – paulo post: (ein) wenig später – subito: plötzlich – tandem: endlich – hodie / heri: heute / gestern – postremo / primo: schließlich / zuerst – adhuc / non iam: bis jetzt, immer noch / nicht mehr – antea / postea: vorher, früher / nachher, später – tum / nunc: da, dann, darauf, damals / nun, jetzt

Gerundien: vivendi (Z. 3) – abeundi (Z. 6) – quiescendi (Z. 10) – in quiescendo (Z. 12) – ad timendum (Z. 14) | **Partizipien:** delectaturus (Z. 2) – occupatus (Z. 4) – motus (Z. 6)

Übersetzung Einst besuchte eine Stadtmaus eine Freundin, die auf dem Land ein hartes, aber ziemlich sicheres Leben führte. Um die vornehme Freundin zu erfreuen, bereitete die Landmaus verschiedene – aber ärmliche (arme) – Speisen zu. Ihrer Gefährtin aber gefiel die Mahlzeit nicht; vielmehr sagte sie: „Gerne gebe ich zu, dass mir diese Speisen da nicht angenehm sind. Du vernachlässigst die Lebenskunst völlig. Warum ziehst du – beschäftigt mit Aufgaben – Wälder und Mühen der Stadt und der Freizeit vor? Nutze den Tag und komm mit mir in die Stadt! Lass uns dort sehr angenehm leben!"

Weil diese Worte sie bewegt hatten (von diesen Worten bewegt), war die Landmaus begierig danach° wegzugehen, und suchte die unbekannte Stadt auf. Ein wenig später betrat sie mit ihrer Freundin ein herrliches Haus voll Leckerbissen (bester / sehr guter Speisen). Hier zog sie sich, nachdem sie mit übergroßer Freude wie ein Gott gespeist hatte, zurück, um sich auszuruhen, als plötzlich der reiche Hausherr mit seinen Hunden da war. Diese erschreckten die Landmaus mit lautem Gebell (mit lauter Stimme) beim Schlafen. Als sie endlich weggegangen waren, sagte die Landmaus: „Ich bin zum Fürchten nicht geschaffen. Ich sehne mich nach meiner Heimat, wo ich ein gutes Leben ohne Angst führen kann. Leb wohl."

Aufgabe 2: a) vita rustica: vita dura, cibi miseri, <u>sed</u> vita tutior, vita bona sine timore | vita urbana: vita timoris plena, <u>sed</u> iucundissima, domus praeclara et ciborum plena b) Das Landleben ist in gewisser Hinsicht dem Leben in der Stadt vorzuziehen, weil es stressfreier und gemütlicher, wenn auch nicht so luxuriös ist.

Aufgabe 3: Der Zeichner stellt die Stadtmaus mit allen Attributen eines eleganten, Stadt„menschen" dar: Sie ist modisch gekleidet (Gehrock, Stehkragen, Nadelstreifenhose, Halbschuhe, Fliege und Blume im Knopfloch). Ihre Körpersprache verrät Weltläufigkeit und Überlegenheit (lässig übergeschlagene Beine, Handhaltung, halb geschlossene Augen). Die zarten Finger und das helle Fell zeigen, dass sie mit körperlicher Arbeit im Freien wenig zu tun hat. Die Landmaus ist das genaue Gegenteil: Sie trägt ländlich-bäuerliche Kleidung, Kniebundhosen und Wanderstiefel; sie hat dunkleres, struppiges Fell, ihre Augen sind wach, ihre Hände kräftig. In der Hand hält sie ein rustikales Messer, mit dem sie dem Gast aus der Stadt die gerade geernteten Ähren zurechtschneidet.

Lektion 88

1 a) **amittere:** aufgeben, verlieren (*eigtl.* weggehen lassen) **committere:** anvertrauen, veranstalten, zustande bringen **dimittere:** aufgeben, entlassen (*eigtl.* auseinandergehen lassen) **omittere:** aufgeben, beiseite lassen **permittere:** erlauben, überlassen (*eigtl.* durchgehen lassen) **promittere:** versprechen | b) **afferre:** bringen, herbeibringen, mitbringen; melden **deferre:** hinbringen, melden, übertragen **differre:** aufschieben; sich unterscheiden **inferre:** hineintragen, zufügen **offerre:** anbieten, entgegenbringen **perferre:** überbringen, ertragen **praeferre:** vorziehen – **referre:** zurückbringen, berichten

2 a) **incendere:** entflammen, in Brand stecken **incipere:** anfangen, beginnen **indicare:** anzeigen, melden **inferre:** hineintragen, zufügen **inire**: hineingehen, beginnen **instare**: bevorstehen, hart zusetzen **invenire**: finden, erfinden | **b) perficere**: erreichen, fertigstellen, vollenden **perire**: umkommen, zugrunde gehen **persuadere**: überreden, überzeugen **perterrere**: sehr erschrecken, einschüchtern **pertinere**: betreffen, gehören (zu), sich erstrecken (bis) **pervenire**: kommen zu / nach | **c) procedere**: (vorwärts) gehen, vorrücken **proferre**: (hervor)holen, zur Sprache bringen **promittere**: versprechen **providere**: *m. Akk.* vorhersehen, *m. Dat.* sorgen für

❸ **a)** Der verletzte Gladiator braucht Hilfe. **b)** Das Mädchen braucht eine Mitgift. **c)** Ihr braucht ein Vorbild. **d)** Alle Menschen brauchen Wasser. **e)** Ich brauche Geld.

❹ **a)** diversus → unterschiedliche Kulturen **b)** incendere → eine Brandbombe **c)** exemplum → ein vollkommenes Beispiel **d)** permittere → den Kontakt erlauben **e)** grandis → ein großes Ereignis **f)** contra / dicere → widersprüchliche Sätze **g)** probus → probitas → ein Vorbild an Redlichkeit **h)** dignitas / violare → violabilis → inviolabilis → Die Würde des Menschen ist unantastbar.

❺ **a)** *Fortuna al gioco, sfortuna in amore.* **b)** *La notte porta consiglio.* **c)** *La parola è d'argento, il silenzio è d'oro.* **d)** *I frutti proibiti sono i più dolci.* **e)** *Ride bene chi ride ultimo.*

❻ optandum – violandi – servando – faciendi – persuadendo – existimando – reprehendendo – addendo – omittendi – creandi | Lösungswörter: OVIDIUS POETA

❼ **a)** fugiendi: die Hoffnung, schnell der Gefahr zu entfliehen **b)** cogitandum: Zeit, lange zu denken **c)** cantandi: die Kunst, angenehm zu singen **d)** pugnandum: bereit, tapfer zu kämpfen **e)** discendo: das Gedächtnis durch sorgfältiges Lernen trainieren **f)** relinquendi: der Plan, die Heimat möglichst schnell zu verlassen **g)** vivendo: über das glückliche Leben (nach)denken

❽ **a)** „Bist du geeignet zu üben – geeignet, immer zu üben – geeignet, immer sorgfältig zu üben? **b)** Bist du bereit zu lernen – bereit, oft zu lernen – bereit, oft sehr gut zu lernen? **c)** Hast du den Plan gefasst zu arbeiten – den Plan, immer wieder zu arbeiten – den Plan, immer wieder gut zu arbeiten? **d)** Bist du begierig zu lesen – begierig, Bücher zu lesen – begierig, Bücher oft zu lesen? **e)** Habt ihr das Talent zu denken – das Talent, über schwierige Dinge nachzudenken – das Talent, über schwierige Dinge lange nachzudenken? **f)** Also erfreut mich mit Lerneifer – mit dem Eifer, vieles zu lernen – mit dem Eifer, vieles sehr gut zu lernen!"

❾ **Aufgabe 1:** dicendi, scribendi, dicendi (Z. 1) – dicendi, laborandum (Z. 3) – quaerendi, cogitandum, agendum (Z. 4) – scribendi (Z. 5) – vivendum (Z. 6) – componendi (Z. 8)

Übersetzung Vater: „Ich ermahne dich, mein Sohn, nicht damit aufzuhören (dass du nicht aufhörst), die Kunst des guten Redens zu erlernen. Sicherlich sind die Künste des Schreibens und des Redens schwierig. Aus diesem Grund wird dein Weg lang und arbeitsreich (voller Arbeit) sein. Aber betrachte den Eifer deines Bruders, Recht zu sprechen! Jener ist bereit, sorgfältig und häufig zu arbeiten. Jener ist begierig, die Würde eines anständigen und bedeutenden Mannes zu erwerben. Jener ist geeignet zu denken und gut zu handeln. Und du, mein Sohn? Du bringst vor, du seist als Junge vom Verlangen erfasst (entflammt) worden (dass du ...), Gedichte zu schreiben."

Ovidius: „So ist es! Ich brauche Gedichte, um glücklich zu leben. Ich sehne mich danach, Verse zu schmieden (machen), ohne Verse kann ich nicht leben. Warum erlaubst du mir nicht, meine Verse zu schreiben? Kennst du Vergil, jenen ausgezeichneten Dichter? Ich habe gehört, dass auch sein Vater die Kunst, Gedichte zu verfassen, nicht für gut befunden hat. Vergil antwortete seinem Vater, als er ihn tadelte (kritisierte), einst Folgendes: ‚Schone, mein Vater, die Ruten, ich will keine Verse mehr° dichten!' Sieh! Alles, was dieser zu schreiben versuchte, waren Verse! Und heute kennt jeder seinen Namen (niemand seinen Namen nicht)."

Aufgabe 2: Üblicherweise wird diese Sentenz so interpretiert, dass der Künstler nur kurze Zeit lebt, sein Werk aber noch lange nach ihm besteht und wirkt. Das trifft natürlich in umso stärkerem Maße zu, je bedeutender das hinterlassene Werk ist, also in ganz besonderer Weise auch auf Ovid und Vergil.

Aufgabe 3: a) PVBLIVS OVIDIVS NASO – EQVES ROMANVS – POETARVM INGENIOSISSIMVS. Publius Ovidius Naso, römischer Ritter, der begabteste der Dichter. **b)** Links vom Medaillon steht **Apollon**, den man am Saiteninstrument – der Kithara – und dem Lorbeerkranz erkennt. Als Gott der Künste, besonders der Musik, der Dichtkunst und des Gesangs, beschenkte er Ovid, so will diese Darstellung vermitteln, mit der Gabe zu dichten. Die Gestalt rechts vom Medaillon ist mit Flügelhaube, Heroldsstab und Flügelschuhen ausgestattet und stellt somit **Merkur** dar. Dieser Gott fungierte nicht nur als Götterbote, sondern war auch der Gott der Redekunst. Er dürfte damit Ovid mit der Redegabe ausgestattet haben, so legt diese Komposition nahe.

Selbsttest zu den Lektionen 83–88

❶ **a)** Hoffentlich ist Sextus glücklich! (2 BE) **b)** Wenn er doch unsere Heimat nicht verlassen hätte! (2 BE) **c)** Wenn er doch auch heute noch in der Nähe leben und wohnen würde! (3 BE)

❷ **a)** Scipio Carthaginem capturus trans mare venit. (1 BE) Scipio kam über das Meer, um Karthago einzunehmen. (2 BE) **b)** Scipio Poenos poena affecturus in Africam venit. (1 BE) Scipio kam nach Afrika, um die Punier zu bestrafen. (2 BE) **c)** Poeni bellum cum Romanis gesturi copias convocaverunt. (1 BE) Die Punier riefen ihre Truppen zusammen, um Krieg mit den Römern zu führen. (2 BE)

❸ a) beatius – beatissime b) celerrime – celerius c) plus – plurimum (je richtige Form 1 BE)

❹ a) vivendum b) docendi c) agendi d) amando e) dicendi (je 1 BE)

❺ a) Zeit, Neues (neue Dinge) zu (er)finden (2 BE) b) die Kunst, schwierige Bücher sorgfältig zu lesen (2 BE) c) begierig, Verse gut zu schreiben und vorzutragen (2 BE)

❻ a Catull b Ovid c Scipio Africanus d Maecenas e Horaz f Cato Censorius g Cicero (je 1 BE)

Lektion 89

❶ a) **neglego**: ich beachte nicht, ich vernachlässige b) **committo**: ich vertraue an, veranstalte, bringe zustande c) **aufero**: ich raube, bringe weg d) **relinquo**: ich verlasse, lasse zurück e) **parco**: ich schone, verschone f) **redeo**: ich gehe zurück, kehre zurück g) **praefero**: ich ziehe vor h) **moveo**: ich bewege, beeindrucke

❷ a) **commovere**: bewegen, veranlassen **permovere**: beunruhigen, veranlassen **motus, us**: Bewegung b) **facere**: machen, tun, handeln **facilis, e**: leicht (zu tun) **facile**: leicht **bene**: gut **aedificium**: Gebäude **factum**: Handlung, Tat, Tatsache c) **fugere**: fliehen, meiden **fuga**: Flucht d) **cupiditas, atis**: heftiges Verlangen, Leidenschaft **cupidus**: begierig (nach) e) **fur**: Dieb f) **homo, inis**: Mensch **humanus**: menschlich, gebildet g) **ducere**: führen, ziehen **dux, ducis**: Anführer(in)

❸ A6 – B2 – C5 – D1 – E4 – F3

❹ a3) reliquiae, arum: Überbleibsel b1) sentire: fühlen c2) calamitas, atis: Schaden, Unglück d1) ultimus: der äußerste

❺ Gen. cuiusque → Akk. quemque → Abl. quoque → Dat. cuique → Nom. quisque

❻ Markierung und Bestimmung der Infinitive: a) valere: Inf. Präs. Akt. – ablatos esse : Inf. Perf. Pass. b) permoveri: Inf. Präs. Pass. c) esse: Inf. Präs. Akt. d) liberatum esse: Inf. Perf. Pass. e) servaturos esse: Inf. Fut. Akt. – futuros esse: Inf. Fut. Akt. f) habere, emere: Inf. Präs. Akt. g) commissuros esse: Inf. Fut. Akt.

Übersetzung a) Der Verwalter erzählte mir, dass viele Sklaven nicht gesund seien, dass einige uns durch den Tod geraubt worden seien. b) Sicher weißt du, dass ich durch diese Unglücksfälle heftig beunruhigt werde. c) Tatsächlich wünsche ich, dass alle Sklaven wohlbehalten sind. d) Sicher hast du schon erfahren, dass gerade die besten Sklaven von mir freigelassen wurden. e) Ich hoffe, dass gerade die, die ich freigelassen habe, mir die Treue halten und gute Freunde sein werden. f) Denen, die in meinem Landhaus bleiben, ist es erlaubt, Geld zu haben und kleine Dinge zu kaufen. g) Daher weiß ich genau, dass meine Sklaven in meinem Landhaus niemals Diebstähle begehen werden.

❼ I. a) Sowohl die Unglücksfälle deiner Sklaven als auch deine Schmerzen haben mich beunruhigt. b) Die Sklaven werden dir sicherlich immer helfen. c) Du wirst die Treue deiner Hausgemeinschaft vergrößern. d) Sicherlich werden die Sklaven keinen Diebstahl begehen, wenn es ihnen erlaubt ist, mit Geld Kleinigkeiten (kleine Dinge) zu kaufen. e) Bald werde ich zu dir kommen.

II. a) temporal / gleichzeitig b) kausal, temporal / vorzeitig c) modal / gleichzeitig d) manentes: temporal / gleichzeitig – data: attributiv / vorzeitig e) final / nachzeitig

III. **Übersetzung** a) Als ich deinen Brief las, beunruhigten mich sowohl die Unglücksfälle deiner Sklaven als auch deine Schmerzen. b) Weil / Nachdem die Sklaven von dir befreit wurden, werden sie dir sicherlich immer helfen. c) Indem du den Sklaven kleine Geschäfte erlaubst, wirst du die Treue deiner Hausgemeinschaft vergrößern. d) Sicherlich werden die Sklaven, während sie in deinem Landhaus bleiben, keinen Diebstahl begehen, wenn es ihnen erlaubt ist, mit dem Geld, das ihnen von dir gegeben worden ist, Kleinigkeiten (kleine Dinge) zu kaufen. e) Bald werde ich zu dir kommen, um deine Gepflogenheiten (Sitten) selbst kennenzulernen.

❽ I. a) Compluribus servis morbo laborantibus b) Illo viro aspero villam intrante c) Auxilio autem omnibus lato d) cunctis servis bene laborantibus et saepe ridentibus ■ II. a) Der Arzt wurde in mein Haus geholt. b) Einige Sklaven glaubten zunächst, dass ihnen große Gefahr drohe. c) Das Vertrauen der Sklaven wuchs. d) Jetzt bin auch ich fröhlich. ■ III. a) Weil mehrere Sklaven an einer Krankheit litten, wurde der Arzt in mein Haus geholt. b) Als jener strenge Mann das Landhaus betrat, glaubten einige Sklaven zuerst, dass ihnen große Gefahr drohe. c) Nachdem / weil aber allen Hilfe gebracht worden war, wuchs das Vertrauen der Sklaven. d) Jetzt bin ich fröhlich, weil alle Sklaven gut arbeiten und oft lachen.

❾ **Aufgabe 1: Infinitive**: vivere (Z. 1) – esse (Z. 5) – cenare (Z. 6) – dicere (Z. 7) – appellare (Z. 9) – avertere (Z. 12) | **Partizipien**: permoti (Z. 6) – confecto (Z. 8) – parati (sunt) (Z. 11) – instans (Z. 11)

Übersetzung Gerne habe ich von denen, die von dir kommen, erfahren, dass du freundschaftlich mit deinen Sklaven lebst. Das gehört sich für einen gerechten, weisen und menschlichen Mann. Einige sagen: „Diese da sind nur Sklaven." Diesen antworte ich: „Im Gegenteil, Menschen." Sie sagen: „Sie sind Sklaven." Ich dagegen: „Im Gegenteil, Freunde." Sie sagen: „Sie sind Sklaven". Ich: „Im Gegenteil, ein Teil der Hausgemeinschaft." Andere (sagen): „Sie sind Sklaven." Ich (aber sage): „Im Gegenteil, Mit-Sklaven." Bedenke nämlich, dass wir alle Sklaven desselben Schicksals sind!

Deshalb lache ich über diese da, die – von höchster Überheblichkeit bewegt – es für schändlich halten, zusammen mit einem Sklaven zu essen. Ein (gewisser) Herr isst mehr als sein Magen fasst, aber den unglücklichen Sklaven ist es nicht erlaubt, (auch nur) kleinste Worte zu sagen. Auch Husten wird bestraft. Nach dem Ende des Gastmahls (Nachdem das Gastmahl beendet worden ist,) schlafen die Sklaven nachts nicht, weil sie ihren Herrn beschützen. So geschieht es manchmal, dass die Sklaven, denen es nicht erlaubt wird, ihren Herrn anzusprechen, über ihren Herrn hässliche Gerüchte erzählen.
Jene aber, die ohne Furcht mit ihrem Herrn leben, sind dazu° bereit, eine ihrem Herrn drohende Lebensgefahr (äußerste ihrem Herrn drohende Gefahr) auf ihr eigenes Haupt (ihren eigenen Kopf) zu lenken (abzuwenden). – **Mögliche Überschrift:** „Aufruf zur menschlichen Behandlung von Sklaven." / „Sklaven sind auch Menschen."

Aufgabe 2: „Jeder nämlich, der auf Christus getauft ist, hat Christus angezogen: Es gibt keinen Juden, keinen Griechen, es gibt keinen Sklaven und auch keinen Freien, es gibt nicht Mann und Frau. Ihr alle nämlich seid einer in Jesus Christus." **a)** Auch Paulus macht zwischen frei Geborenen und Sklaven keinen Unterschied. Bei Paulus ist Freiheit allerdings davon abhängig, ob man auf Christus getauft ist oder nicht. **b)** Viele Gedanken Senecas stimmen mit christlichen Überzeugungen überein, etwa seine Einstellung zu den Sklaven.

Lektion 90

❶ **a)** decimus: kein Superlativ **b)** procul: keine Präposition (vergleiche: procul a) **c)** manus: gehört nicht zum Sachfeld Gefühl

❷ 1G – 2D – 3E – 4B – 5F – 6A – 7C – 8A

❸ **a)** efficere → wirksam **b)** vita / vivere / vivus → lebendig, lebenskräftig **c)** turba / turbare → durcheinander gehend **d)** deponere → ablegen **e)** docere → Lehrer **f)** suspicari → verdächtig **g)** tueri → Beschützer

❹ **a)** pernicies → verderblich **b)** ventus → windig **c)** invidia → neidisch **d)** dolor → schmerzlich, schmerzensreich **e)** dolus → listenreich / listig **f)** aqua → wasserreich, wässrig **g)** pretium → wertvoll

❺ **a)** pernicies **b)** mors **c)** beatus **d)** numquam **e)** procul **f)** verus **g)** curare **h)** timor **i)** incolumis

❻ **a)** arbitrabantur: sie glaubten **b)** verebor: ich werde fürchten **c)** suspicati estis: ihr habt vermutet **d)** precaremini: ihr würdet bitten **e)** tuere: betrachte! **f)** ratus erat: er hatte gemeint **g)** morati essent: sie hätten sich aufgehalten

❼ **a)** pollicetur **b)** pollicitus sum **c)** pollicerer **d)** pollicebamur **e)** pollicitum esse **f)** polliceamini

❽ **Komparativ: b)** melior **h)** facilior **i)** tutior **j)** minor **m)** fortior | **Substantiv: a)** dolor **d)** furor **g)** mercator **k)** imperator | **Deponens: e)** tueor **f)** fateor **n)** moror **p)** suspicor | **Passiv: c)** impellor **l)** incendor **o)** permoveor

❾ **a)** polliciti sunt: Calpurnia: „Die Götter haben uns Hilfe versprochen. **b)** timentur: Deshalb werden die Götter von mir nicht gefürchtet. **c)** orantur / servemur: Immer werden die Götter von mir gebeten, dass wir von ihnen gerettet werden." **d)** arbitratur: Nicodemus: „Der Philosoph Epikur glaubt, dass die Götter sich nicht um die menschlichen Dinge kümmern. **e)** ratus est: Außerdem glaubte Epikur (hat Epikur geglaubt), dass die Priester falsche Dinge über die Götter erzählen."

❿ **Aufgabe 1: Deponentien:** arbitrantur, reor, tuemur, fateri, suspicor, ratus est, fateor, precor, morantur, tuetur, tuebitur, pollicitus est | **Grundaussage des Textes:** Die Verben arbitrari, reri, suspicari, fateri weisen darauf hin, dass hier Lehrmeinungen angesprochen werden. tueri: Das ist die Methode, mit der Leukipp zu seiner Auffassung über die Entstehung der Welt gelangt: Betrachtung der Sterne. polliceri: bezieht sich auf Gott, der laut christlicher Lehre den Menschen seinen Schutz (tueri) versprochen hat. precari: Damit wendet sich Laktanz direkt an seine Leser.

Übersetzung Einige Philosophen glauben, dass alles aus vielen Atomen gemacht ist. Ich meine, dass die(se) Menschen, die diesen Philosophen glauben, dumm sind. Denn wenn wir die Erde, den Himmel, die Menschen und die Tiere betrachten, können wir diese winzigen (sehr kleinen) Atome nicht sehen. Woher kommen jene Atome (treten jene Atome ein)? Wer kann offen sagen (bekennen), dass er diese Atome entweder jemals gesehen oder gespürt habe? Hatte etwa Leukipp, der der Urheber dieser Meinung war, allein Augen, hatte° er° allein Verstand? Ich vermute, dass dieser Mann falsche Dinge lehrte. Er brachte öffentlich zur Sprache, dass jene Atome sich zufällig verbinden (zufällig verbunden werden). Alle Gestirne, alle Tiere, alle Meere bestehen, wie dieser meinte, aus jenen verbundenen Atomen.
Ich aber bekenne Folgendes und bitte euch, dass ihr diese Meinung, die ich nun sagen werde, für wahr haltet: Gott allein hat alles, was sich auf der Erde, im Himmel und im Meer aufhält, geschaffen. Außerdem beschützt Gott uns und wird uns immer beschützen, wie er uns versprochen hat.

Aufgabe 2: Leukipps Theorie: Omnia e multis corpusculis facta sunt. – minima corpuscula – Omnia sidera, omnia animalia, omnia maria ex illis corpusculis constant. – Illa corpuscula casu iunguntur. | **Laktanz' Theorie:** Ista corpuscula nec videre nec sentire possumus. – Deus solus omnia creavit. – Deus nos tuetur et semper tuebitur.

Lektion 91

1 a) fere (Adverb): fast, beinahe, ungefähr **ferre** (Verb): bringen, tragen, ertragen **b) capere**: fassen, nehmen, erobern **carpere**: pflücken, genießen, nutzen **c) queri**: klagen, sich beklagen (über) **quaerere**: erwerben wollen, suchen, fragen **d) dolore** (Subst. im Abl.): durch den Schmerz **dolere** (Verb): schmerzen, wehtun **e) moliri**: (an)treiben, planen, unternehmen **morari**: (sich) aufhalten **f) debere**: müssen **delere**: zerstören **g) erras**: du irrst **eras**: du warst **h) dicere**: sagen **ducere**: führen, ziehen

2 a) experiri: erfahren, versuchen → expertus: erfahren → experimentum: Versuch **b) queri**: klagen → querulus: klagend → querela: Klage **c) pati**: erleiden, ertragen → patiens: leidend, geduldig → patientia: Geduld

3 otium: b) mit Freunden über Freundschaft sprechen **c)** sich Vergnügungen hingeben **d)** mit Geschichten die Sinne erfreuen **g)** Bücher von Philosophen lesen | **negotium: a)** Prozesse führen **e)** sich um das Gemeinwohl (allgemeine Wohl) kümmern **f)** sich großen Reichtum erwerben

4 a) aggressiv → aggredi: angreifen. **b)** beklagt sich / klagt → queri: klagen **c)** experimentierfreudig → experiri: versuchen

5 a) molitus, a es **b)** moliemur **c)** molitum, am esse **d)** molirer **e)** molitus, a eram **f)** molire **g)** molimini **h)** moliantur

6 a) queritur: Calpurnias Vater klagt nie über seine Pflichten. **b)** querentes: Oft begegnen ihm in den Straßen der Stadt Menschen, die ihr Unglück beklagen. **c)** quaerunt: Nicht selten fragen die Menschen jenen Mann um Rat. **d)** quaerit: Er will nicht nur großen Reichtum, sondern auch größten Ruhm erwerben. **e)** questam esse: Wir wissen aber, dass sich seine° Tochter Calpurnia über das Leben ihres° Vaters beklagt hat.

7 a) D Calpurnia: „Wenn doch der Vater heute keine Prozesse führen würde! **b) E** Wenn doch Vater nicht schon vor Tagesanbruch das Haus verlassen hätte! **c) C** Hoffentlich haben nicht Verbrecher den Vater in der Dunkelheit der Nacht angegriffen! **d) B** Hoffentlich kommt er bald vom Forum zurück!" **e) A** Nikodemus: „Beklage dich nicht, Calpurnia! **f) G** Lass uns (Wir wollen) mit dem Vater sprechen, wenn er vom Forum zurückgekehrt ist! **g) F** Heute soll der Vater mit dir Zeit verbringen! **h) H** Widme dich jetzt deinem° Studien!" **i)** Calpurnia hat lange mit Nikodemus, dem sie vertraut (glaubt), gesprochen. **j)** Sie klagt über die Gewohnheiten (Bräuche) des Vaters. **k)** Dann erklärt Nikodemus Calpurnia die Pläne, die der Vater in Angriff nimmt (unternimmt). **l)** Schließlich folgte Calpurnia Nikodemus, mit dem sie gerne gesprochen hat, als er in die Bibliothek wegging.

8 Aufgabe 1: moliebatur – experire – loquamur – morari – sequere – polliceor – consecutus est – aggressus est – fassus est – pati

Übersetzung Einmal empfing ein Bauer einen Städter, ein alter Gastgeber einen alten Freund. Der Bauer, der mit wenigen Dingen zufrieden in einem kleinen Haus ein hartes Leben führte, unternahm vieles, um dem Freund eine Freude zu machen (um den Freund zu erfreuen): Er brachte schnell Kichererbsen, Rosinen und Speck herbei. „Probiere diese Speisen, die den Sommer über gepflückt und gesammelt wurden! Ruh dich aus! Lass uns über dein Leben und über mein Leben sprechen!"
Der Städter aber betrachtete die vom Gastgeber mit großem Engagement herbeigebrachten Speisen mit hochmütigen Augen, berührte sie mit hochmütigem Mund, stieß sie mit hochmütiger Hand zurück. Schließlich sagte er: „Macht es dir tatsächlich Freude dich hier aufzuhalten? Folge mir in die Stadt! Ich verspreche dir ein angenehmeres Leben (ziemlich angenehmes Leben), wahre Ruhe."
Von jenen Worten ermuntert folgte der Bauer seinem Freund. Als (nachdem) sie mitten in der Nacht in ein großartiges Haus eingetreten waren, ließ der Städter ein Gastmahl bereiten. Plötzlich griff die Freunde, die mit großer Leidenschaft speisten, ein unbekannter Mann an. Dieser bedrohte die Freunde mit einem Schwert (setzte den Freunden ... zu) und schrie: „Gebt mir alle Schätze, die in diesem Haus verborgen sind!" Sicher wären beide von diesem Dieb getötet worden, wenn es ihnen nicht gelungen wäre, blitzschnell (mit sehr schnellen Füßen) zu entkommen.
Der Bauer aber bekannte: „Deine Ruhe kann ich nicht ertragen. Ich werde in mein Haus in den Bergen zurückkehren. Dort wird niemand meinen Reichtum haben wollen."

Aufgabe 2: Bauer: bescheidenes, arbeitsames, aber sicheres Leben – Städter: Luxus in der Stadt – Menschen im Schlaraffenland: Schlafen und Essen als einzige Lebensinhalte

Lektion 92

1 arbitrari – sentire – reri – opinari – existimare – putare – censere | Lösungssssatz: Iudicis est semper in causis verum sequi. Es ist Aufgabe / Pflicht eines Richters, bei Prozessen immer der Wahrheit zu folgen / die Wahrheit zu ermitteln.

2 a) opinari / opinio → Meinung **b)** fons → Quelle **c)** spiritus → Geist **d)** exstinguere → auslöschen **e)** mors / mortalis → tödlich

3 a) (conatur) Calpurnia sitzt (sedet) / verweilt (moratur) / hält sich (versatur) gerne in der Bibliothek auf. **b)** (moritur) Calpurnia bewundert (miratur) / hört (audit) / folgt (sequitur) Nikodemus. **c)** (colloquitur) Mit Nikodemus betrachtet (intuetur) / (unter-)sucht (quaerit) / ordnet (componit) sie die Bücher der Philosophen. **d)** (versatur) Nikodemus meint (opinatur) / behauptet (contendit) / sagt (dicit), dass die Seele unsterblich ist. **e)** (proficiscitur) Calpurnia (be)fürchtet (timet / veretur / metuit), dass die Worte Epikurs wahr sind.

❹ a) Lärm / Geschrei entsteht. **b)** Ein Wind kommt auf. **c)** Eine Quelle entspringt auf / in dem Berg. **d)** Die Rede beginnt. **e)** Die Sonne geht auf. **f)** Cäsar stammt von (den) Königen ab. **g)** Die Nacht bricht herein. **h)** Ein Baum wächst.

❺ a) Calpurnia eilt zum Lesen / um zu lesen in die Bibliothek. **b)** Niemandem ist es erlaubt, Calpurnia beim Lesen zu stören. **c)** Sie ist nämlich begierig, das Wesen der Seele zu erforschen (erfahren). **d)** Auch dadurch, dass sie Nikodemus fragt, erfährt sie viel. **e)** Durch die Betrachtung des Himmels / Dadurch, dass sie den Himmel betrachten, wollen Calpurnia und Nikodemus das Wesen (die Natur) der Dinge kennenlernen. **f)** Sowohl von Nikodemus als auch von Calpurnia wird ein Weg, die Natur zu erkennen, gesucht. **g)** Durch ständiges Fragen / Dadurch, dass er immer wieder fragte, versuchte auch Thales die Wahrheit zu finden.

❻ Als **Partizipien** zu markieren sind: exspectans – versanti – colloquentem – commota – desideratus – rata – verita – arbitratus. **a)** Weil Barbara Quintus erwartet, hält sie sich auf dem Forum auf. **b)** Gaius begegnet Barbara, während sie sich auf dem Forum aufhält. **c)** Er sagt: „Ich habe Quintus gesehen, während er sich im Wirtshaus mit Freunden unterhielt." **d)** Barbara macht sich zusammen mit Gaius zum Wirtshaus auf (Barbara bricht zusammen mit Quintus zum Wirtshaus auf), weil sie durch diese Worte sehr bewegt wurde. **e)** Tatsächlich sitzt Quintus im Wirtshaus und trinkt Wein, obwohl er schon lange von Barbara erwartet (ersehnt) wurde. **f)** Barbara: „In der Meinung, dass du bald kommen würdest, hielt ich mich auf dem Forum auf, Quintus. **g)** Dann wandte ich mich aus Angst, dass dir etwas Schlimmes zugestoßen sei, an Gaius. **h)** Dieser führte mich in der Meinung, dass mir dein Wohlergehen Sorge bereite, hierher. Und du, was hast du gemacht?"

❼ Aufgabe 1: An den folgenden Stellen ist zu erkennen, dass es sich um eine Rede handelt: Vokativ (Z. 1) – Personalpronomen vos (Z. 1) – Personalpronomen vobis (Z. 3) – Hortative parcamus, cenemus (Z. 11 f.) – Imperative intuemini, agite, ne secuti sitis (Z. 13)

Übersetzung Oh Menschen / Oh ihr Sterblichen, ich fordere euch auf, dass ihr kein Verbrechen begeht, indem ihr das Fleisch von toten Lebewesen esst. Sicher wundert ihr euch über meine Worte. Ich werde also versuchen, euch zu zeigen, durch welche Überlegung ich zu dieser Meinung veranlasst werde: Alles verändert sich (alles wird verändert), nichts geht zugrunde. Auch unser Geist, der hierhin und dorthin irrt, besetzt endlich den Körper irgendeines Lebewesens. Nachdem er aus den Tierkörpern (aus den Körpern von Tieren) aufgebrochen ist, geht er hinüber in menschliche Körper und kehrt in die Tierkörper zurück – weder löst er sich jemals auf (wird aufgelöst), noch entsteht er jemals von neuem. Da die Seele ewig ist und oft in einen anderen Körper übergeht, kann sich der Geist irgendeines gestorbenen Freundes auch in Tieren aufhalten. Ich fürchte, dass wir, wenn wir Fleisch essen, die Seelen unserer° Eltern oder Brüder verletzen. Lasst uns also alle Tiere schonen! Lasst uns keine gottlosen Speisen essen! Betrachtet die Natur, welche euch alles bietet (gibt)! Handelt mit Vernunft! Folgt nicht denen, die meinen, dass nur die Menschen unsterbliche Seelen haben!

Aufgabe 2: Eingezeichnet werden müssen der Thaleskreis und der Satz des Pythagoras.

Lektion 93

❶ a) publicus **b)** mori **c)** sapiens **d)** par **e)** otium **f)** novus **g)** invitus **h)** proficisci

❷ a) pars 2 – par 10 – paratus 11 – pare 4 – parum 5 | **b)** recte 3 – rege 8 – regi 14 – regni 16 – regio 15 – regi 9 | **c)** mora 12 – mors 1 – moraris 13 – mores 6 – mons 7

❸ a) opus, operis: Arbeit, Werk opera: Arbeit, Mühe ops, opis: Hilfe, Kraft; *Pl.* Macht, Mittel, Reichtum opus est: es ist nötig | **b) 1** Sicher kennst du Ciceros Werke. **2** Mit großer Mühe erhöhen (vergrößern) die Sklaven die Mauer. **3** Viele bewundern den Reichtum des Königs Krösus. **4** Wer bringt den Armen Hilfe? **5** Was brauchen die Armen? **6** Severus verwendet (setzt) die meiste Mühe auf die Gesetze. **7** Einst war die Stadt Karthago stark wegen ihres° Reichtums (durch ihren° Reichtum).

❹ a) imitandum: ein nachahmenswertes Beispiel **b)** legendi: lesenswerte Bücher **c)** neglegenda: eine nicht zu beachtende Sache **d)** miranda: bewundernswerte Tüchtigkeit **e)** praestandum: eine Pflicht, die erfüllt werden muss **f)** remittenda: Waffen, die zurückgeschickt werden müssen **g)** expellendi: Feinde, die vertrieben werden müssen.

❺ a) lesenswerte Bücher **b)** unerträglicher Schmerz **c)** lobenswerte Taten **d)** ein liebenswertes Mädchen **e)** eine erzählenswerte Geschichte **f)** ein unveränderliches Schicksal **g)** eine hörenswerte Rede **h)** eine kaum hörbare Stimme

❻ a) audiendis: Vergnügen haben am Hören von Geschichten **b)** agendam: großen Reichtum erwerben wollen, um ein glückliches Leben zu führen **c)** augendas: um den Reichtum zu vermehren, viele Mühen auf sich nehmen **d)** imitandis: durch das Nachahmen der Sitten von Philosophen ein glückliches Leben erreichen **e)** reprehendendis: durch die Kritik an Fehlern das richtige Leben zeigen

❼ a) petiturus: Odysseus brach schnell aus seiner Heimat auf, um nach Troja zu fahren. **b)** occidendum: Herkules wurde von Eurystheus geschickt, um den Löwen zu töten. **c)** reduceret: Orpheus stieg in den Tartarus hinab, um Eurydike zurückzuführen. **d)** quaerendi: Sokrates hielt sich auf dem Forum auf, um einen weisen Menschen zu suchen. **e)** vivendi: Manche Philosophen lassen ihren Reichtum und ihr Haus zurück, um gut zu leben.

❽ Aufgabe 1: Übersetzung Pomponius: „Wie glücklich bin ich, sobald ich aus der Stadt in die Berge aufgebrochen bin! Hier richten mich weder schlimme Arbeiten noch ein schlechtes Wetter (ein schwerer Himmel) zugrunde. Hier finde ich einen zum Ausruhen geeigneten Platz; ich habe Freude am Betrachten der Sterne, ich genieße (benutze) einfache Speisen, den Göttern gleich führe ich ohne Sorgen mein Privatleben."
Titus: „Ich verstehe nicht, warum du freiwillig zu uns kommst, obwohl (während) du in der Stadt sehr vornehme Freunde hast und zu den großartigsten Gastmählern eingeladen (gerufen) wirst."
Pomponius: „Möge der Schein dich nicht trügen! Weil ich aus vornehmem Geschlecht stamme (geboren bin), schrieb mir mein Vater vor, dass ich die Vorbilder unserer° Vorfahren nachahme, dass ich mich mit dem Führen von Prozessen beschäftige, dass ich höchste Ehrenämter erstrebe und dass ich öffentliche Geschäfte betreibe. In der Stadt wecken mich schon bei Sonnenaufgang meine° Schutzbefohlenen, die mich um Hilfe bitten, auf den Straßen hindern sie mich daran weiterzugehen, sie laden mich zu nächtlichen Gastmählern ein, an denen ich keine Freude habe (aus denen ich nicht Vergnügen nehme), sondern nur das Verlangen verspüre°, möglichst schnell in die Berge zu meinen wahren Freunden aufzubrechen."

Aufgabe 2: a) z. B.: Landleben – Stadtleben; otium – negotium **b)** das philosophische Konzept Epikurs, der ein Leben in Zurückgezogenheit bevorzugte, ganz nach dem Vorbild der Götter, die ungestört von menschlichen Belangen leben

Aufgabe 3: Sanssouci ~ sine curis (Z. 3)

Lektion 94

❶ waagerecht: 2 iam 3 at 4 diu 7 mox 8 ultro 9 fere 11 prope 14 saepe | **senkrecht:** 1 libenter 5 scilicet 6 vero 10 procul 12 recte 13 tunc

❷ a) admittere: zulassen **amittere** (wörtl. weggehen lassen): aufgeben, verlieren **permittere** (wörtl. durchgehen lassen): erlauben, überlassen – **promittere** (wörtl. Worte voraussschicken): versprechen **remittere** (wörtl. zurücklassen): zurückschicken, nachlassen, vermindern **b) confiteri:** (ein)gestehen **c) accipere:** annehmen **incipere** (wörtl. in Angriff nehmen): anfangen, beginnen **suscipere** (wörtl. von unten auf sich nehmen): auf sich nehmen, unternehmen, übernehmen **recipere:** zurücknehmen, aufnehmen, wiederbekommen **d) aggredi** (wörtl. hingehen): angreifen **ingredi** (wörtl. hineingehen): beginnen, betreten **regredi:** zurückgehen, zurückkehren **progredi** (wörtl. nach vorne gehen): vorrücken – **egredi:** hinausgehen

❸ Der Zutritt (**ingresso** ← ingredi) (ist) für die nicht an den Bauarbeiten Beteiligten verboten (**vietato** ← vetare).

❹ a) ae: „Viele Arbeiten müssen von dir übernommen werden. (Du musst … übernehmen.) **b) est:** Der Tisch muss von dir geschmückt werden. (Du musst … schmücken.) **c) nda:** Die Sorge um das Haus darf von mir nicht vermindert werden. (Ich darf nicht … vermindern.) **d) ndi:** Die Kinder müssen von mir ernährt werden. (Ich muss … ernähren.) **e) non:** Deine Pflichten dürfen von dir nicht vernachlässigt werden. (Du darfst nicht … vernachlässigen.) **f) da:** Das Ansehen der Vorfahren muss von dir bewahrt (geschützt) werden. (Du musst … bewahren.) **g) sunt:** Die Sklaven müssen von mir unterwiesen (unterrichtet) werden. (Ich muss … unterweisen.) **h) a:** Meinen Ratschlägen muss von dir Folge geleistet werden. (Du musst … folgen.)"

❺ a) Gerundium: ad parendum et pariendum: Calpurnia: „Warum sind wir Frauen zum Gehorchen und Gebären geboren? **b) prädikatives Gerundiv:** agendae sunt: Warum müsst ihr Prozesse führen? **c) attributives Gerundiv:** mutanda: Dieses unveränderliche Schicksal ist mir verhasst. **d) prädikatives Gerundiv:** mutanda non est: Warum darf man dieses Schicksal nicht verändern? **e) Gerundium:** faciendi: Ich werde von so großem Verlangen nützlichere Dinge zu tun, bewegt!"

❻ a) 1 und 3: Mütter müssen ihre Kinder loben. **b)** 1: Du darfst die Pflichten nicht vernachlässigen. / Du musst die Pflichten erfüllen. (Von dir müssen die Pflichten erfüllt werden.) **c)** 1 und 3: Kinder dürfen keinen Wein trinken. (Von Kindern darf Wein nicht getrunken werden.) **d)** 1 und 3: Wir müssen die Beispiele der Vorfahren nachahmen.

❼ Aufgabe 1: afficiendos esse: prädikatives Gerundiv (Z. 1) – servandi: Gerundium (Z. 3) – corrigendae: attributives Gerundiv (Z. 4) – imitanda esse: prädikatives Gerundiv (Z. 8)

Übersetzung In deinem Brief schreibst du, dass Feinde des Volkes bestraft werden müssen. Durch deinen Hass aber wirst du nicht nur die Vornehmen, sondern auch den ganzen Staat verderben. Dann wirst du den Nachkommen als ruchloser (schlechter) Feind erscheinen. Wirst du etwa nicht von dem Verlangen, den Frieden zu schützen, bewegt? Sicherlich weißt du, welchen Weg du beschritten hast. Schon lange überlegte ich, auf welche Weise ich deine Pläne ändern könnte; ich bekenne aber, dass ich bisher noch keine Art und Weise, deine Meinung zu verbessern, gefunden habe. Niemand hat mir so großes Unrecht getan wie du und dein Bruder. Du hast alles unternommen, um das (einfache) Volk gegen die Väter aufzuwiegeln, dein Bruder kritisiert(e) mit heftigsten Reden die Adeligen. Da mir sowohl meine Söhne als auch meine Heimat Sorge bereiten, habe ich euch von Kindheit an darin unterrichtet, dass die Beispiele der Vorfahren von den römischen Bürgern nachgeahmt werden müssen. Und ihr? Seid ihr etwa meinen Ratschlägen gefolgt? Freilich liegt euch weder das Wohl des Staates noch das Wohl eurer Mutter am Herzen.

Aufgabe 2: a) Verben in der 1. Pers. Sg. (Mutter): agitabam, confiteor, instruxi | Verben in der 2. Pers. Sg. (Söhne): scribis, corrumpes, videberis, moveris, scis, suscepisti, excites | Personalpronomen Sg. und Pl. (Söhne): tu, vos, vobis | Possessivpronomen: tua, tuo, tuae, tuus **b)** hostis, iniuria, corrumpes, excitares **c)** exempla maiorum imitanda esse

Aufgabe 3: a) Die beiden Söhne sind ganz nahe bei ihrer Mutter. Cornelia legt ihre Arme schützend und leitend um ihre Kinder und bringt damit zum Ausdruck, dass die Kindererziehung ihre wichtigste Lebensaufgabe ist. Als vorbildliche Frau und Mutter ist Cornelia züchtig gekleidet (Schultern, Arme und Beine verhüllt). Ihr Blick und ihre Körperhaltung sind auf Würde und Ernst bedacht. Der ältere Sohn hat gelernt, diese würdige Haltung nachzuahmen; er trägt bereits die Toga als Hinweis darauf, dass er ein freier Römer ist und später einmal die Ämterlaufbahn einschlagen wird. **b)** a pueris instruxi civibus Romanis exempla maiorum imitanda esse: Cornelia erinnert daran, dass sie auch, als die Söhne noch klein waren, darauf geachtet hat, sie zu richtigen römischen Bürgern zu erziehen.

Selbsttest zu den Lektionen 89–94

❶ a) quisque **b)** cuique **c)** quaeque **d)** cuique (je 1 BE)

❷ a) adituri: Die Griechen waren es gewohnt Delphi aufzusuchen, um das Orakel zu befragen. **b) pervenientes:** Wenn die Menschen nach Delphi kamen, hofften sie, dass sie ihr Schicksal hören würden. **c) accepta:** Die Orakelsprüche, die von der Pythia empfangen worden waren, wurden oft nicht richtig° erkannt. **d) apertam:** Oft wollten die Menschen das Schicksal, das von der Pythia eröffnet (aufgedeckt) worden war, nicht annehmen. (je 2 BE)

❸ a) E: Nachdem Eurydike getötet worden war, befiel Orpheus großer Schmerz. **b) D:** Bei Sonnenaufgang brach Orpheus in die Unterwelt auf. **c) C:** Als Orpheus den Tartarus betrat, zeigten die Bewohner der Unterwelt zunächst Gleichgültigkeit (gleiche Gesinnung).

❹ a) vereberis **b)** verere **c)** verenti **d)** veritum esse **e)** verentur (je 1 BE)

❺ a) experiendi: Zuerst kam ich auf das Forum, um die Sitten der Menschen kennenzulernen (zu erfahren). **b) intuendorum:** Hier habe ich Zeit, die Menschen zu betrachten. **c) intuendis:** Durch die Betrachtung der Menschen (dadurch, dass ich die Menschen betrachtete) habe ich dies erfahren: **d) colligendis:** Der Anstand hält die Menschen nicht davon ab, Reichtümer zu sammeln. **e) imitando:** Durch das Nachahmen eines Hundelebens (dadurch, dass ich das Leben eines Hundes nachahme) beunruhige ich viele Menschen (den Geist vieler Menschen). **f) reprehendendum:** Nicht selten kommen Händler zu mir, um mich heftig (mit heftigen Worten) zu kritisieren. (je 2 BE)

❻ a) imitanda non est: Man darf die Menge nicht nachahmen. **b) deponenda est:** Ein Philosoph muss seinen Zorn ablegen. **c) ferendae non sunt:** Beleidigungen müssen / dürfen nicht ertragen werden. **d) persequenda sunt:** Fehler müssen verfolgt werden. **e) dicendus est:** Niemand darf vor seinem Tod glücklich genannt werden. (je 1 BE)

Lektion 95

❶ a) pater familias **b)** servis **c)** uxor **d)** liberos **e)** filii **f)** soror **g)** pater – filia **h)** mater **i)** nepos **j)** avo – fratribus

❷ a) eicere: (hin)auswerfen, vertreiben → engl.: auswerfen **b) obicere:** vorwerfen, darbieten → engl.: Einwand **c) reicere:** zurückwerfen, zurückweisen → engl.: ablehnen

❸ a) legere: das, was gelesen werden muss → z. B. um eine Karte zu verstehen **b) agere:** das, was getan werden muss → z. B. eine Liste mit Aufgaben und Dingen, die zu erledigen sind **c) amare:** die, die geliebt werden muss → die Liebenswerte **d) probare:** der, der getestet werden muss → Testperson

❹ a) In der Nacht: Man muss schlafen. **b)** Letzte Stunde vor Tagesanbruch: Man muss aufstehen. **c)** I–II: Man muss lesen. **d)** III–IV: Man muss schreiben. **e)** V: Man muss den Körper trainieren. **f)** VI–VII: Man muss sich in den Thermen aufhalten. **g)** VIII: Man muss mit den Freunden nach Hause gehen. **h)** IX–XI: Man muss essen und trinken. **i)** XII: Man muss über die morgigen Aufgaben nachdenken.

❺ a) Die Kinder müssen lernen. **b)** Die Ehefrau muss zuerst für das Gastmahl sorgen, dann muss sie den Sklaven Befehle erteilen (befehlen). **c)** Die Sklaven dürfen nicht ausruhen. **d)** Sie müssen auf das Forum eilen, wo alles für das Essen Notwendige erworben (vorbereitet) werden muss.

❻ A4 Ich übergebe dir das Vermögen, damit du es vermehrst (zur Vermehrung). **B3** die Bücher, damit du sie liest (zum Lesen). **C2** ... die Weinberge, damit du sie pflegst (zur Pflege). **D1** ... die Sklaven, damit du sie freilässt (zum Freilassen).

❼ a) legendam – tuendum – instituendum – docendum – legendos | Mucius grüßt seinen liebsten Freund Lucius. Ich schicke dir einen Brief, den du aufmerksam lesen sollst (zum aufmerksamen Lesen). Ich übergebe dir meinen lieben Enkel, damit du ihn schützt und in den römischen Sitten unterrichtest (zum Schützen und zum Unterrichten in den römischen Sitten). Jener junge Mann hat unglaublichen Lerneifer (ist von unglaublichem Lerneifer: Abl. der Beschaffenheit). Deshalb schicke ich ihn dir, damit du ihn unterrichtest (zur Unterrichtung). Sorge dafür, dass du ihm die Bücher der weisesten Schriftsteller zum Lesen gibst. Leb wohl! | **b)** Gerundium im Gen. Sg.

❽ Aufgabe 1: Deutlich wird dies besonders an nd-Formen und Imperativen: tene, perficienda esse, salutandi sunt, circumeunda est, colloquendum (et) probandum est, facienda erant, laudandus est, monendus est, eiciendus, subiciendi sunt, afficiendi sunt, prospice, vide, agendum est, facienda respiciendave sunt

Übersetzung Lucius grüßt seinen Titus! Gerne habe ich gehört, dass du alle Aufgaben in der Stadt gut ausführst. So wirst du den Namen deines Familienverbandes schützen, so wirst du den Ruhm der Vorfahren vermehren. Aber behalte im Gedächtnis, dass du auch auf dem Lande viele Aufgaben erledigen (fertig stellen) musst. Denn auch diese dienen (gehören) zur Bewahrung des Vermögens.
Sobald du zum Landhaus gekommen bist, musst du zuerst die Hausgötter begrüßen, dann (musst du) um das Landhaus herumgehen. Später muss man mit dem Verwalter sprechen und sorgfältig prüfen, ob getan worden ist, was er tun musste. Wenn alles gut erledigt (getan) worden ist, muss der Verwalter gelobt werden, andernfalls (muss er) ermahnt werden. Aber er darf nicht hinausgeworfen werden, wenn (nur) kleinere Fehler begangen worden sind.
Du musst die Sklaven zwar unterwerfen, aber du darfst sie nicht grausam bestrafen. Während der ganzen Zeit, die du dich auf dem Landgut aufhältst, sorge dafür, dass die Hausgemeinschaft (Familie) deine Macht spürt.
Nachdem du einige Tage auf dem Land verbracht hast (nachdem einige Tage auf dem Landgut verbracht worden sind), sieh zu, dass du nach Hause zurückkehrst! Denn du musst auf dem Forum aktiv sein (handeln), wo deine Geistesschärfe und deine übrigen Fertigkeiten vermisst werden.
Ich hoffe, dass du, ausgestattet mit meinem Rat, nun alles gut erledigen (tun) wirst, was ein Familienoberhaupt (ein pater familias) erledigen (tun) oder berücksichtigen muss. Leb wohl!

Aufgabe 2: Es handelt sich um einen Brief. Dies belegen die typischen Grußformeln am Anfang (salutem dicit, Z. 1) und am Ende des Briefes (Vale, Z. 13). Bereits der Einleitungssatz deutet auf eine Dialogsituation hin, die hier in Briefform vorliegt: der Freund des Großvaters informiert den Enkel des Verstorbenen.

Aufgabe 3: Die Abbildung verweist auf die in Z. 5 genannte Pflicht des pater familias, die Hausgötter / Schutzgötter der Familie in Ehren zu halten: tibi Lares salutandi sunt.

Lektion 96

❶ amor: Liebe ↔ odium: Hass | maiores: Vorfahren ↔ posteri: Nachkommen | maritus: Ehemann ↔ uxor: Ehefrau | exstinguere: auslöschen ↔ accendere: anzünden | multi: viele ↔ pauci: wenige | parum: zu wenig ↔ nimium: allzu sehr | ridere: lachen ↔ flere: weinen | maior: größer ↔ minor: kleiner

❷ a) einige / keine **b)** jeder **c)** die übrigen **d)** ein gewisser **e)** (irgend)jemand, (irgend)etwas **f)** jeder, der / alles, was **g)** jeder, der / jede, die / alles, was; wer auch immer / was auch immer **h)** die meisten, sehr viele

❸ Woher? b, d, k, m | **Wo?** c, e, f, h, l | **Wohin?** a, g, i, j

❹ a) Richter **b)** urteilen **c)** Recht **d)** Unrecht **e)** gerecht **f)** schwören **g)** Verschwörung **h)** Gerechtigkeit **i)** ungerecht **j)** Verschwörer

❺ a) viel versprechen **b)** nichts erlauben **c)** Schulden nachlassen **d)** das Leben verlieren **e)** niemanden an sich heranlassen (hinzuziehen) **f)** ein Verbrechen begehen **g)** Bücher zurückschicken **h)** Geld anvertrauen

❻ a) quocumque **b)** quarumcumque **c)** quemcumque **d)** quodcumque **e)** cuicumque **f)** quascumque

❼ a) Was auch immer du getan hast, werde auch ich tun. **b)** Wem auch immer du geholfen hast, dem werde auch ich helfen. **c)** Wen auch immer du kritisiert hast, den werde auch ich kritisieren. **d)** Wessen Taten auch immer du gelobt hast, dessen Taten werde auch ich loben. **e)** In welchem Land auch immer du dich aufgehalten hast, werde auch ich mich aufhalten. **f)** Wer auch immer dir Sorge bereitet hat, der wird auch mir Sorge bereiten.

❽ Genitive: motus – actionis – turbae – rei familiaris – ordinis – nimiae – aetatis | **Lösungswort:** matrona

❾ a) das Ansehen der Senatoren (Gen. subiectivus) – ein Teil der Senatoren (Gen. partitivus) **b)** die Kinderzahl (Gen. partitivus) – die Mutter der Kinder (Gen. subiectivus) **c)** die Beschäftigung mit der Wahrheit (Gen. obiectivus) – nichts Wahres (Gen. partitivus) **d)** zu viel Freiheit (Gen. partitivus) – die Hoffnung auf Freiheit (Gen. obiectivus) **e)** die Würde der Frauen (Gen. subiectivus) – eine Menge Frauen (Gen. partitivus) **f)** Was (gibt es) Neues? (Gen. partitivus) – gierig nach Geld (Gen. obiectivus)

❿ a) Was auch immer du tust, handle klug und beachte das Ende! **b)** Was auch immer es ist, ich fürchte die Griechen, auch wenn sie Geschenke bringen. **c)** Wer auch immer liebt, dem soll es gut gehen (der soll gesund sein)! Zugrunde gehen soll, wer nicht zu lieben weiß! Gleich zweimal soll jeder zugrunde gehen, der zu lieben verbietet!

⓫ Aufgabe 1: Bekannt sind bereits die folgenden Aussagen: Z. 1 f.: Profecto enim statuerunt, ut viris nimium licentiae, nobis autem parum libertatis esset! – Z. 3 f.: Quodcumque facere volunt, viris licet. Nobis quippe neque magistratus neque iudicium adeundi licentia est. Ad audiendum tantum, non ad agendum admittimur.

Übersetzung **Licinia:** Ich bin zornig auf unsere Vorfahren (von Zorn auf unsere Vorfahren entbrannt). Denn was auch immer wir kritisieren, haben jene eingerichtet. Denn tatsächlich haben sie festgesetzt, dass die Männer zu viel an (willkürlicher) Freiheit, wir aber zu wenig an Freiheit haben! ■ **Claudia:** Du hast Recht (du sprichst richtig). Was auch immer sie tun wollen, ist den Männern erlaubt. Wir haben freilich weder die Möglichkeit (Freiheit) uns an Beamte noch an ein Gericht zu wenden. Nur zum Zuhören, nicht zum Handeln werden wir zugelassen (hinzugezogen). ■ **Licinia:** So ist es. Aber sieh! Dort kommt Fulvia. Sie hat vor kurzem Marcus geheiratet. Ich brenne darauf zu hören, was sie über das Leben von Ehefrauen erzählen kann. ■ **Claudia:** Sei gegrüßt, Fulvia! Wir wollen dich fragen, wie das Leben von Ehefrauen ist. ■ **Fulvia:** Ich kenne nicht das Leben und die Bräuche anderer Ehemänner. Ich kenne aber meinen Ehemann und halte ihn für einen guten Mann. Denn er liebt mich, berücksichtigt meine Worte und befolgt meine Ratschläge. Deshalb habe / besitze ich nicht nur zu Hause große Macht. Es bleibt mir über jenes Geschenk zu reden, welches ich von den Göttern erhoffe: Kinder zu gebären. ■ **Licinia:** Ich vermute, dass du ein glückliches Los hast. Denn ich weiß genau, dass ein großer Teil der Männer zu Hause die gleiche Freiheit / Willkür nutzt wie im öffentlichen Leben. ■ **Fulvia:** Genug gesprochen (genug der Worte) über die Willkür der Männer! Was (gibt es) Neues von Terentia?

Aufgabe 2: a) Es handelt sich um einen Dialog. Dies wird daran deutlich, dass es mehrere Gesprächsteilnehmer gibt, die aufeinander Bezug nehmen: Licinia, Claudia, Fulvia; z. B.: Z. 3: „Recte dicis." **b)** Der Einschnitt ist zu setzen in Z. 5, wenn Licinia zum zweiten Mal spricht: „At ecce! Ibi Fulvia venit! ...". Im ersten Teil unterhalten sich Licinia und Claudia allgemein über Freiheiten von Männern und Frauen, im zweiten Teil kommt Fulvia, eine Ehefrau, hinzu und berichtet von dem Leben einer Ehefrau.

Aufgabe 3: Die Frau kann nicht Fulvia sein, weil diese noch keine Kinder hat, sondern noch hofft, Kinder zur Welt zu bringen (Z. 10).

Lektion 97

❶ **a)** lieber wollen **b)** es gefällt **c)** lieber **d)** wollen **e)** nicht wollen **f)** Vergnügen **g)** hochachten **h)** lieben **i)** vorziehen **j)** Liebe **k)** Wille **l)** Hass

❷ **a)** persönlich, privat **b)** zuerst **c)** erstens, zuerst, zum ersten Mal **d)** der erste **e)** der erste, frühere, vordere **f)** bevor, eher als **g)** bei Tagesanbruch **h)** der Erste, der führende Mann

❸ **a)** unglücklich **b)** undankbar, unbeliebt **c)** unbequem, unangemessen **d)** ungern **e)** unwürdig **f)** unsterblich **g)** schlecht, unanständig **h)** gottlos, gewissenlos **i)** unbekannt **j)** ungerecht, ungleich ↔ gerecht, gleich

❹ **a)** tollere: aufheben, in die Höhe heben, wegnehmen **b)** ire: gehen **c)** velle: wollen **d)** ferre: tragen, bringen, ertragen **e)** nolle: nicht wollen **f)** malle: lieber wollen **g)** deesse: abwesend sein, fehlen

❺ **a)** noluerunt: 3. Pl. Ind. Perf. Akt. – nolim: 1. Sg. Konj. Präs. Akt. – nolles: 2. Sg. Konj. Impf. Akt. – nolebat: 3. Sg. Ind. Impf. Akt. – noles: 2. Sg. Ind. Fut. I Akt. – nolueratis: 2. Pl. Ind. Plusqpf. Akt. – nolumus: 1. Pl. Ind. Präs. Akt. – non vis: 2. Sg. Ind. Präs. Akt. **b)** mallet: 3. Sg. Konj. Impf. Akt. – maluisses: 2. Sg. Konj. Plusqpf. Akt. – malint: 3. Pl. Konj. Präs. Akt. – malo: 1. Sg. Ind. Präs. Akt. **c)** volebam: 1. Sg. Ind. Impf. Akt. – velletis: 2. Pl. Konj. Impf. Akt. – volam: 1. Sg. Ind. Fut I. Akt. – velis: 2. Sg. Konj. Präs. Akt.

❻ **a)** Akk. Sg. *f*: eam – illam – hanc – quam **b)** Akk. Sg. *m*: eum – illum – hunc – quem **c)** Gen. Sg. *m / f / n*: eius – illius – huius – cuius **d)** Dat. Sg. *m / f / n*: ei – illi – huic – cui **e)** Gen. Pl. *m*: eorum – illorum – horum – quorum **f)** Abl. Sg. *n*: eo – illo – hoc – quo **g)** Nom. / Akk. Pl. *n*: ea – illa – haec – quae **h)** Akk. Pl. *f*: eas – illas – has – quas

❼ **a) Qua:** Die Freundinnen reden viel (machen viele Worte) über das neue Gesetz. Durch dieses zwingt der Kaiser die Frauen, (irgend)einen Mann zu heiraten. **b) Quae:** Jenes Gesetz kritisieren sie. Dieses ist frauenfeindlich (den Frauen feindlich gesinnt). **c) Cui:** Die Freundin Terentia hat jede (alle) Freude verloren. Dieser hatte ihr Ehemann eine andere Frau vorgezogen. **d) Quibus:** Die Freundinnen sprechen über einige Männer. Diese haben (all)zu große Freiheit (Diesen ist ... zu Eigen).

❽ **a)** Es war wichtig für Augustus, die Republik wiederherzustellen. **b)** Es ist wichtig für den Kaiser, den Willen der Senatoren zu berücksichtigen. **c)** Er sagte oft: „Für mich ist es wichtig, eure Pläne / Ratschläge / Beschlüsse zu erfahren (kennenzulernen). **d)** Denn es ist wichtig für den Kaiser, den Staat gut zu regieren."

❾ **a)** Das hätte ich niemals gedacht! **b)** Es wäre an mir, eine Rede zu halten. **c)** Es würde zu weit führen, das zu erzählen. **d)** Es wäre besser zu schweigen. **e)** Wir hätten beinahe Zeit verloren. **f)** Dies hätte ich vorhersehen müssen.

❿ **Aufgabe 1:** Relative Satzanschlüsse: Quod (Z. 6) – Quae (Z. 8) – Quos (Z. 10) – Quem (Z. 10) – Cuius (Z. 11)

Übersetzung Licinia hebt die Hände zum Himmel: „Eine Freundin hat gesagt, dass das neue Gesetz des Kaisers für alle sehr wichtig sei. Aber sie hätte dieses Gesetz genauer lesen müssen (es hätte sich gehört, dass sie ... gelesen hätte). Dieses Gesetz des Kaisers ist nämlich frauenfeindlich (den Frauen entgegengesetzt). Deshalb halte ich es für ungerecht." ■ **Claudia:** „Wieder fängst du an über dieses Gesetz da zu reden! Dies hätte ich nicht gedacht. Eben noch wolltest du zum Tempel der Venus gehen." ■ **Licinia:** „Was ich mit dir zusammen tue. Aber es ist für mich wichtig, unterwegs viel zu reden über ..." ■ **Claudia:** „Ich will lieber über Cornelia reden als über dieses Gesetz. Denn meiner Meinung nach ist es für dich wichtiger, dem Beispiel der Cornelia, der Tochter des Publius Cornelius Scipio Africanus, des Siegers über Hannibal, zu folgen. Denn diese antwortete, nachdem sie gefragt worden war, welche Schmuckstücke sie habe, „Diese hier sind meine Schmuckstücke!", wobei sie ihre zwei Kinder vor sich hielt. Diese hatte sie dem Tiberius Sempronius Gracchus geboren, ohne dass ein Gesetz sie dazu zwang. Dass nur er allein von ihr geliebt worden ist, zeigt auch Folgendes: Nach dessen Tod lebte sie als Witwe, obwohl sie – da kein Gesetz es verbot – wiederum hätte heiraten können."

Aufgabe 2: „Mea enim sententia magis tua refert exemplum Corneliae, filiae Publii Cornelii Scipionis Africani, victoris Hannibalis, sequi." (Z. 7 f.) Im lateinischen Satz finden sich die Angaben zu Cornelia in Form einer Apposition; im italienischen Satz liegt eine Aussage über Cornelia vor (Cornelia war die Tochter ...).

Aufgabe 3: Cornelia ist die linke der beiden Frauen. Während die – für römische Verhältnisse freizügig gekleidete – Frau rechts sich mit Schmuck beschäftigt, verweist die andere – züchtig verhüllte – auf die vor ihr stehenden Kinder. Vermutlich handelt es sich um das im Text erwähnte Gespräch über Schmuck (Z. 8-10), da ein Schmuckstück zu sehen ist und Cornelia auf die Kinder zeigt.

Aufgabe 3: Beide Kunstwerke stellen die entscheidenden Merkmale der Cornelia dar: Sie umfasst beschützend ihre beiden Söhne; sie verzichtet vollständig auf persönliche Eitelkeit (kein Schmuck) und ist züchtig gekleidet / verhüllt, wie es sich für eine vornehme römische (Ehe-)Frau schickte. Während die Frauenfigur auf dem Gemälde eine gewisse Milde und Wärme ausstrahlt, betont die Skulptur die Würde und Ernsthaftigkeit der Cornelia. Damit entspricht die Skulptur von Cavelier – so könnte man vermuten – eher den Idealvorstellungen bzw. Selbstverständnis der Römer.

Selbsttest zu den Lektionen 95–97

❶ Verallgemeinernde Relativpronomina: quisquis (Z. 1), quocumque (Z. 7) | Genitivus partitivus: (multum) temporis (Z. 3), (pars) eorum (Z. 5) (je 1 BE)

❷ Markiert werden müssen: **ei docendi sunt** (Z. 2) – **magistro multum temporis conferendum est** (Z. 3) – **ei ipsi corrigenda sunt** (Z. 5) – **Eis liberi ... hortandi sunt.** (Z. 7) (je ½ BE)

❸ 1mal: in dictis factisque discipulorum reprehendendis (Z. 5 f.) (1 BE)

❹ Wer auch immer Kinder unterrichten will, soll Folgendes (das) bedenken! Ein Lehrer muss die Begabungen derer erkennen, die von ihm unterrichtet werden müssen. Deshalb muss ein Lehrer viel Zeit darauf verwenden zu erfahren, welche Schüler entweder durch Ermunterung oder durch Kritik bewegt werden müssen. Also muss der Geist (müssen die Geister) der Schüler gut vom Lehrer erkannt werden. Denn Angst vor dem Lehrer nützt nicht allen Schülern, sondern verhindert, dass ein Teil von ihnen gut lernt. Der Lehrer soll weder das vernachlässigen, was von ihm selbst verbessert werden muss, noch soll er bei der Kritik an den Worten und Taten der Schüler ungerecht sein. Schließlich braucht der Lehrer die Hilfe der Eltern. Von ihnen müssen die Kinder auf jede erdenkliche Weise dazu aufgefordert werden, dass sie ihre Lehrer in gleicher Weise schätzen wie ihre Studien. (je Fehler 1 BE Abzug)

❺ a – b – e – f (je 1 BE)

Lektion 98

❶ a) a-spic-ere: erblicken, ansehen b) con-spic-ere: erblicken c) pro-spic-ere: achtgeben, dafür sorgen, (vorher)sehen d) re-spic-ere: zurückblicken, berücksichtigen e) su(b)-spic-ari: vermuten – su(b)-spic-io: Verdacht, Vermutung

❷ Meer: mare / aequor – Welle: unda – Wasser: aqua – Insel: insula – Fluss: fluvius – Quelle: fons – Sturm: tempestas – Strand: litus – Küste: ora – Ufer: ripa – Schiff: navis – Flut: fluctus

❸ I. quaero: Ne *quaesiveritis*! – *Quaere* ... – II. quaeso: Oro *quaeso*que ... – ... *quaeso*, magistrum! – velut ... „*quaeso*", „aio". – III. queror: Ne *questi sitis*! – ... ne *quereraris* – Quare *quereris*?

❹ a) Du fährst (transportierst) Menschen auf einem Schiff. (→ Chauffeur) b) Du wirst auf einem Schiff gefahren. / Du fährst auf einem Schiff. (→ Passagier) c) Warum bist nicht mit dem Wagen gefahren? (→ Passagier) d) Niemand hat den Wagen gefahren / gezogen. (→ [kein] Chauffeur) e) Die Gesandten haben sich auf den Pferden schneller / ziemlich schnell fortbewegt. (→ Passagier) f) Deshalb ist niemand mit dem Wagen gefahren. (→ Passagier)

❺ a) **Indikativ** (alle Zeiten!) vehor – suspicaris – fuero – vereris – aggredieris – contendam | **Konj. Präs.** venias – iuvent – contendam – persuadeant – accuset | **Konj. Impf.** veherem – vellem | **Konj. Perf.** quaesiverim – potuerim | **Konj. Plusqpf.** vectus essem

b) veneris – iuverint – contenderim – persuaserint – accusaverit

6 a) Potentialis: Niemand dürfte glauben, dass der Kapitän ein gerechter Mann ist. **b) Optativ**: Hoffentlich erhebt sich kein heftiger Sturm. **c) Prohibitiv**: Verlacht nicht die Lehrer! **d) Jussiv**: Alle sollen sofort schweigen! **e) Hortativ**: Lass(t) uns diesen Verdacht meiden! **f) Potentialis**: Mit Überlegung bewirkst du wohl mehr als mit Zorn.

7 a) Die Schüler (sagen) zum Lehrer: „Frage das / dies nicht, Lehrer! **b)** Denn das weiß keiner. (Indikativ zur Bezeichnung der Wirklichkeit der Aussage: Wirklich niemand weiß es.) **c)** Denn das weiß wohl niemand. / Denn das dürfte niemand wissen. (Konj. Präs. in potentialer Verwendung. Die Behauptung b) wird abgeschwächt. Die Möglichkeit, dass es einer weiß, besteht.) **d)** Wir alle wüssten es / dies, wenn wir deinen Worten sorgfältig zugehört hätten." (Konj. Impf. / Plusqpf. in irrealer Verwendung. Der Irrealis drückt aus, dass jetzt alle dies wüssten, wenn eine bestimmte Bedingung erfüllt worden wäre. Da dies nicht der Fall ist, weiß es keiner → Ausdruck der „Nichtwirklichkeit".)

8 a) Tullia: „Seht ihr jenen Mann, der dort steht? Wenn ich nicht schon einen Ehemann hätte, würde jener mir gefallen." **b) Licinia**: „Ich kenne Claudia gut / genau. Ihr dürfte jener (auch) gefallen. Wer könnte daran zweifeln? **c) Claudia**: „Schweig! Das glaubt dir wohl keiner. Jenen würde ich niemals lieben. **d)** Aber was (ist) mit dir, Licinia? Liebst du (etwa) derartige Männer nicht? Oder gefällt dir Marcus mehr?" **e) Licinia**: „Niemanden dürfte ich (wohl) mehr loben als dich, wenn du Schweigen bewahrst." **f) Tullia**: „Wenn ihr geschwiegen hättet, ihr beiden, wäret ihr Philosophinnen geblieben."

9 Aufgabe 1: aes alienum: Schulden – mercator: Kaufmann – pecunia: Geld, Vermögen – (pecuniam) credere: (Geld) anvertrauen, (als Kredit geben) – (pecuniam) reddere: (Geld) zurückgeben – (pecunia) debita: geschuldet(es Geld) – solvere: bezahlen – avaritia: Geiz, Habsucht – parare: erwerben

Übersetzung Claudia (sagt): Lass uns jetzt aufhören zu erzählen! (Lass uns nun ein Ende des Erzählens machen!) Irgendeiner könnte sagen, dass Frauen nichts anderes tun, als Gespräche zu führen (zu ratschen). ■ **Licinia** (antwortet): Ich freilich möchte nicht aufhören (kein Ende machen). Erzähle, bitte, einen anderen Fall! ■ **Claudia**: Mmh. Dieser Fall dürfte dir gefallen: Der Kapitän eines kleinen Schiffes fuhr (transportierte) oft Menschen übers Meer. Weil er aber plötzlich von Schulden bedrängt worden war, bat er einen (gewissen) Kaufmann, ihm Geld als Kredit zu geben. Als der Kapitän es nicht termingemäß zurückgab, erhob sich beim Kaufmann der Verdacht (entstand der Verdacht des Kaufmanns), dass jener das geschuldete Geld nicht mehr zahlen könne. Licinia, du wirst wohl sagen, dass eine derartige Sache sehr oft vorkommt. Aber dieser Kaufmann (da) befahl dem Kapitän, dass er nicht weiter mit jenem Schiff fährt (fahre). Ja, der Kaufmann zwang den Kapitän sogar das Schiff am Ufer zu lassen (zurückzuhalten). ■ **Licinia**: Folgendes möchte ich über diesen Kaufmann (da) sagen: Wohl nicht Menschlichkeit hat ihn angetrieben, sondern ... Habsucht! ■ **Claudia**: Höre auch das Übrige! Nachdem sich plötzlich ein Sturm erhoben hatte, wurde besagtes (jenes) Schiff von den Fluten des Meeres weggespült (weggetragen). Was meinst du? Wer muss wem was zahlen? ■ **Licinia**: Der Richter wird wohl urteilen, dass der Kapitän den Kredit (das anvertraute Geld) zahlen muss. Aber der Händler muss wohl dem Kapitän zur Hilfe kommen, damit jener sich ein neues Schiff erwerben kann.

Aufgabe 2: Potentiale, also abgeschwächte Formulierungen liegen allgemein vor in Z. 1: <u>Dicat aliquis</u> feminas nihil agere nisi sermones habere. – Z. 2: Ego equidem finem facere <u>nolim</u>. – Z. 3: Haec causa tibi <u>placeat</u>. | Den vertrackten Fall betreffen vor allem die folgenden abgeschwächten Aussagen: Z. 6: Tu, Licinia, <u>dicas</u> rem ... accidere. – Z. 9: Hoc de isto mercatore <u>dixerim</u> ... – Z. 9: Non humanitas eum <u>impulerit</u> ... – Z. 12: Iudex <u>iudicaverit</u> ... – Z. 12 f.: Sed mercator magistro auxilio venire <u>debeat</u> ...

Aufgabe 3: Ein ähnlicher moderner Fall sähe z. B. so aus: Ein Taxiunternehmer parkt ordnungswidrig. Angestellte des Parküberwachungsdienstes verständigen die Polizei. Das ordnungswidrig abgestellte Taxi wird abgeschleppt. Die Rechnung der Abschleppfirma geht an den Taxiunternehmer. Der aber weigert sich, die Rechnung zu begleichen. – Nun zum Urteilsspruch: „Die Richter lehnten einen Kostenerstattungsanspruch des Abschleppunternehmens mit folgender Begründung ab: Zum öffentlichen Personenverkehr zugelassene Taxis seien registriert. Auf dem Armaturenbrett des Fahrzeugs habe sich – von außen gut lesbar – Name und Anschrift des Taxiunternehmens befunden. Mit einem kurzen Telefonat hätten die Hilfspolizisten den Halter des Taxis in Erfahrung bringen, benachrichtigen und auffordern können, das Fahrzeug zu entfernen. Vermutlich wäre der ordnungswidrige Zustand so wesentlich früher beseitigt worden. Die Abschleppmaßnahme sei weder erforderlich noch zweckmäßig gewesen und war somit rechtswidrig. Deshalb könne das Abschleppunternehmen von dem Halter des Taxis keine Erstattung der Kosten verlangen." (Entscheidung des Verwaltungsgerichts Gießen vom 22. 9. 2000)

Lektion 99

1 Kennst du diese Wörter? Natürlich! **a)** sumptus **b)** commodus **c)** infesti **d)** laudes **e)** impetro **f)** collum **g)** eicit **h)** tolle

2 a) Beide sind Kinder desselben Vaters und derselben Mutter. **b)** Aber jeder von beiden ist in einem anderen Zeitalter geboren. **c)** Der eine von ihnen ist nämlich vor Christi Geburt geboren, der andere nach Christi Geburt. → Mit **ambo** werden zwei Personen als Einheit / Ganzheit aufgefasst, bei **uterque** hingegen als Einzelpersonen gegenübergestellt. Mit **alter ... alter** werden zu zwei genannten Personen verschiedene Angaben gemacht.

3 a) A: „Bin ich stärker **oder** (bist) du (stärker)? **b)** Warum schweigst du? Antwortest du endlich **oder** nicht? **c)** Ich möchte wissen, ob du stärker bist **oder** ich." → an leitet jeweils den zweiten Teil einer (direkten bzw. indirekten) Doppelfrage ein. **d)** B: „Ich weiß nicht, **ob** ich **nicht** stärker bin." (~ „Vielleicht bin ich stärker.") → Nach Ausdrücken des Nichtwissens heißt an „ob nicht". Die Wendung „Ich weiß nicht, ob nicht …" kann dann mit „Vielleicht …" wiedergegeben werden. **e)** A: „Bist du **etwa** strohdumm?" → an zu Beginn einer direkten Frage wird mit „oder; etwa" wiedergegeben. Der erste Teil einer Doppelfrage ließe sich aus dem Zusammenhang ergänzen, z. B. „[Meinst du das ernst oder] bist du etwa strohdumm?")

④ a) Nichts geschieht ohne Grund. **b)** Aus nichts wird nichts. (Von nichts kommt nichts.) **c)** Dem Wollenden (einem, der es so will,) geschieht kein Unrecht. **d)** Was du nicht willst, dass man dir tu, das füg auch keinem andern zu! **e)** Dichter werden (als solche) geboren, Redner wird man. (d. h. Zum Dichter muss man mit entsprechender Begabung geboren werden, Redner kann man durch geeignete Ausbildung werden.) **f)** Und Gott sprach: „Es werde Licht." Und es ward Licht. **g)** Eine Tat kann nicht ungeschehen (rückgängig) gemacht werden. **h)** Wie kommt es, dass die meisten ohne Kenntnis ihrer Fehler sind (ihre Fehler nicht kennen)?

⑤ a) fis **b)** facimus **c)** fiebant **d)** faceretis **e)** fiemus **f)** fecerunt **g)** efficitur **h)** interficerent **i)** fiat **j)** perfecerat

⑥ a) fiant: Keine Ungerechtigkeiten sollen begangen (gemacht) werden! **b) facta sunt**: Diese Verbrechen wurden von jenem Mann begangen (gemacht). **c) fit**: Eine Beratung wird abgehalten (gemacht). **d) fiebant**: Im Rathaus wurden oft Beratungen abgehalten (gemacht). **e) fiet**: Geschrei wird sich erheben (gemacht werden). **f) facti erant**: Geschrei hatte sich erhoben (war gemacht worden).

⑦ a) Num respondeamus? Sollen wir etwa antworten? **b)** Num sententiam verborum tuorum cognoscamus? Sollen wir etwa den Sinn deiner Worte erkennen? **c)** Num labores perferamus? Sollen wir etwa Anstrengungen (Strapazen) ertragen? **d)** Num bono animo simus? Sollen wir etwa zuversichtlich sein?

⑧ a) Ich weiß nicht, ob ich nicht die Lateinwörter wiederholen soll. / Vielleicht sollte ich die Lateinwörter wiederholen. **b)** Soll ich die Lateinwörter wiederholen oder (soll ich) das Haus verlassen, um meine Freundinnen zu treffen? **c)** Soll ich meine Freundinnen treffen oder die Markthalle aufsuchen, um Schmuckstücke zu betrachten? **d)** Soll ich nichts tun, als Schmuckstücke zu betrachten, (Soll ich die Schmuckstücke nur betrachten) oder soll ich ein schönes Schmuckstück kaufen? **e)** Soll ich mir das Schmuckstück auf meine Kosten oder auf Kosten des Vaters erwerben? **f)** Ich weiß jetzt, was ich mache(n soll)! Ich werde die Lateinwörter wiederholen, damit / sodass der Lehrer und der Vater zufrieden sind. **g)** Dann wird es mir erlaubt sein, auf Kosten des Vaters ein schönes Schmuckstück zu kaufen.

⑨ Aufgabe 1: Deliberativ: Z. 1: Quid dicam? – Z. 12: Quid iudex faciat? – Auch den indirekten Fragesätzen Z. 2 (respondeam) und Z. 4 (respondeas) liegt ein ursprünglicher Deliberativ zugrunde! – **Potentialis**: Z. 12: quis id credat? – Z. 13: Iudex quaerat …

Übersetzung Marcus (sagt): Was soll ich sagen? Immer wieder treibt ihr beide mich an, weiter zu erzählen. Aber ich weiß tatsächlich nicht mehr, was ich euch antworten soll. ■ **Licinia**: Immer ereigneten sich (geschahen) Ungerechtigkeiten, geschehen immer und werden (immer) geschehen. Deshalb kann es nicht geschehen, dass du nichts hast, was du antworten kannst. (Deshalb ist es unmöglich, dass du nichts zu antworten weißt.) ■ **Marcus**: Ok! Dein Wille geschehe! Das Gewünschte / Deinen Wunsch hast du durchgesetzt. ■ **Licinia**: Du bist großen Lobes würdig, Marcus. (… hast großes Lob verdient …) ■ **Marcus**: Ein Wirt hatte nachts, wie es oft geschieht, eine Lampe vor sein Wirtshaus gestellt. Diese nahm ein Verbrecher im Vorübergehen mit. Aber der Wirt nahm den Diebstahl wahr, ohne dass der Verbrecher es merkte. Deshalb folgte der Wirt dem Verbrecher und verlangte die Lampe zurück. Der aber stieß, in Zorn geratend, den Wirt so heftig zurück, dass er beinahe dessen Genick (Hals) brach (gebrochen hätte). Bald aber greift ein anderer Kerl (Mensch) mit feindseligem Gesichtsausdruck an und verletzt den Verbrecher so (schwer), dass jener ein Auge verliert. Später klagte dieser gottlose Kerl (Mensch) – wer könnte dies glauben? – den Wirt an. Was soll der Richter machen? ■ **Claudia**: Der Richter dürfte fragen, ob dieser Wirt (da) als Erster angegriffen hat. Andernfalls hat der Wirt überhaupt keine Schuld. Der Verbrecher wird vom / beim Richter nichts erreichen.

Aufgabe 2:
a) Tabernarius … lucernam … *posuerat*. Quam sceleratus … **abstulit**. Sed tabernarius … **animadvertit**. … tabernarius sceleratum **secutus est** lucernamque repetebat. Iste autem … tabernarium … **reppulit** … Mox autem alter homo … aggreditur sceleratumque ita laedit …
Plusquamperfekt: Wiedergabe eines Ereignisses, das dem eigentlichen Handlungsstrang vorausliegt
Perfekt: Wiedergabe der wesentlichen Ereignisse einer vergangenen Handlung
Imperfekt: dient im Lateinischen auch dazu, einen bloßen Versuch oder die mehrfache Wiederholung eines Ereignisses mitzuteilen.
Präsens: Wiedergabe dramatischer Ereignisse (historisches bzw. dramatisches Präsens)

b) Das häufige Hin und Her von Aktion und Reaktion wird vor allem durch den wiederholten Subjektswechsel deutlich.

Aufgabe 3: Wohlhabende Römer konnten sich einen Privatarzt (meist einen als Arzt ausgebildeten Sklaven) leisten. Ärmere Römer hingegen griffen bei leichteren Krankheiten zu mehr oder weniger bewährten Hausmitteln wie Wein oder Öl oder nahmen zu magischen Praktiken ihre Zuflucht. Bei ernsteren Krankheiten wurde ein Arzt zum Hausbesuch gerufen. Zur ambulanten Versorgung konnte man auch den Arzt in seiner Praxis aufsuchen. Nur selten verfügte ein Arzt über eine Art Krankenzimmer / Lazarett, wo er einen behandelten Patienten länger versorgte. Eine Alternative stellte auch der Äskulap-Tempel auf der Tiberinsel dar, wohin mancher pilgerte, um den Gott um Hilfe zu bitten. Ein Krankenhaus im modernen Sinne gab es dort jedoch nicht.

Lektion 100

❶ 1D – 2F – 3E – 4H – 5I – 6G – 7C – 8A – 9B

❷ a) Woher? hinc: von hier; hierauf | **Wo?** hic: hier – istic: da, dort – illic: dort | **Wohin?** illuc: dahin, dorthin – quo: wohin? – eo: dorthin; deswegen – huc: hierher | **b)** illinc: von dort – istuc: dahin, dorthin (wo du bist) – istinc: von dort (wo du bist)

❸ Achtung (**cavere:** sich hüten [vor], Vorsorge treffen)! Enthält (**continere:** festhalten, enthalten) heiße Dinge. Keine Ausnahme (**excipere:** aufnehmen, eine Ausnahme machen)!

❹ Version A (mit Parenthese) **a)** Gripus – ich glaube, dass er ein Sklave gewesen ist – ist dir nicht unbekannt. **b)** Gripus – ich weiß, dass du schon von ihm gehört hast – war (ein) Fischer. **c)** Gripus – ich behaupte, dass sein Name auf der ganzen Welt nicht unbekannt ist – hatte einen Koffer gefunden. **d)** Er hatte einen Koffer – ich meine, dass er viel Geld enthalten hat – aus dem Meer herausgefischt (aufgenommen). **e)** Schließlich aber ist das Gold – ihr wisst schon, dass es im Koffer gewesen ist – geteilt worden.

Version B (verschränkter Relativsatz) **a)** Gripus, von dem ich glaube, dass er ein Sklave gewesen ist, ist dir nicht unbekannt. / Gripus, der – wie ich glaube – ein Sklave gewesen ist – ist dir nicht unbekannt. **b)** Gripus, von dem ich weiß, dass du schon von ihm gehört hast, war (ein) Fischer. / Gripus, von dem du – wie ich weiß – schon gehört hast – war (ein) Fischer. **c)** Gripus, von dem ich behaupte, dass sein Name auf der ganzen Welt nicht unbekannt ist, hatte einen Koffer gefunden. / Gripus, dessen Name – wie ich behaupte – auf der ganzen Welt nicht unbekannt ist, hatte einen Koffer gefunden. **d)** Er hatte einen Koffer, von dem ich meine, dass er viel Geld enthalten hat, aus dem Meer herausgefischt. / Er hatte einen Koffer, der – wie ich meine – viel Geld enthalten hat, aus dem Meer herausgefischt. **e)** Schließlich aber ist das Gold, von dem ihr schon wisst, dass es im Koffer gewesen ist, geteilt worden. / Schließlich aber ist das Gold, das – wie ihr schon wisst – im Koffer gewesen ist, geteilt worden.

❺ a) quem: Claudia und Licinia erblicken vor der Basilica Julia Markus, der – wie sie wissen – Terentias Bruder ist. **b) quas:** Die Mädchen hören gerne Marcus' Erzählungen, von denen sie meinen, dass sie wahr sind. **c) quam:** Aber jener Erzählung, die ihrer Meinung nach der Schriftsteller Plautus verfasst hat, schenken sie kein Gehör. **d) quae:** Deshalb bitten sie ihn, von den Urteilen / Prozessen zu erzählen, die – wie bekannt ist – / bekanntlich in der Basilica Julia gemacht / entschieden worden sind.

❻ Aufgabe 1: a) Z. 1: nuper, per mare – Z. 2: repente, ad litus – Z. 3: prope – Z. 4: hinc, de nave – Z. 5: in mare – Z. 6: post tempestatem – Z. 7: e fluctibus, domum **b)** Z. 4: (magister navis) ... iussit – Z. 5: (mercator) ... coactus est – Z. 13: mercatore invito

c) Übersetzung Marcus (sagt): Hört (die Erzählung) von einem Kaufmann, der – wie mir Freunde erzählt haben – neulich eine Reise über das Meer gemacht hat! Plötzlich wurde sein Schiff von einem wütenden Sturm ergriffen. Der Kapitän strengte sich mit aller Kraft an, zur Küste, die – wie er wusste – in der Nähe war, zu gelangen. Aber vergeblich! Hierauf ließ er alle schwereren Sachen vom Schiff werfen. Deswegen wurde auch besagter Kaufmann gezwungen, seinen Koffer, von dem die übrigen nicht wussten, dass er eine Menge Gold enthielt, über Bord zu werfen (ins Meer sinken zu lassen). Nach dem Sturm suchte der Händler jene Küste auf, um nach dem Koffer zu suchen. Aber ein Fischer wollte bereits den Koffer, den er aus den Fluten herausgefischt (aufgenommen) hatte, nach Hause bringen. Als er das gesehen hatte, verlangte der Händler vom Fischer, dass ihm der Koffer, von dem er bekräftigte / mit Nachdruck behauptete, dass er der seine sei, zurückgegeben werde. Nun sagt mir, ihr beiden, wessen Eigentum der Koffer geworden ist! ■ **Claudia:** Was soll ich sagen? Ich weiß (es) nicht. ■ **Licinia:** Ich freilich möchte urteilen, dass beide jenen Schatz teilen müssen. ■ **Marcus:** Aber der Richter urteilte, dass jener Koffer kein Schatz sei. Denn Gold oder Silber, an das noch eine Erinnerung existiert / an das man sich noch erinnert, ist kein Schatz. Außerdem war der Koffer gegen den Willen des Händlers vom (aus dem) Schiff geworfen worden. Deswegen musste der Fischer den Koffer zurückgeben. ■ **Claudia:** Ich hoffe allerdings, dass der Fischer einen Lohn empfangen hat.

Aufgabe 2: c) Das Bürgerliche Gesetzbuch der Bundesrepublik (BGB) sieht in § 984 für einen Schatzfund folgende Bestimmungen vor: „Wird eine Sache, die so lange verborgen gelegen hat, dass der Eigentümer nicht mehr zu ermitteln ist (Schatz), entdeckt und infolge der Entdeckung in Besitz genommen, so wird das Eigentum zur Hälfte von dem Entdecker, zur Hälfte von dem Eigentümer der Sache erworben, in welcher der Schatz verborgen war."

Lektion zu 101

❶ 1C – 2F – 3D – 4G – 5A – 6E – 7B

❷ ars, artis *f* (Gen. Pl. -ium) Kunst, Fertigkeit, Eigenschaft – **imago, imaginis** *f* Bild, Abbild – **simulacrum** Bild, Schatten *(eines Toten)* – **signum** Merkmal, Zeichen; Statue – **statua** Statue – **tabula** (Schreib-)Tafel, Gemälde – **ornare** ausstatten, schmücken – **imitari** nachahmen

❸ a) du hast lieber gewollt – er / sie hat erwähnt – sie haben gefürchtet – sie erinnern sich (Perfektopräsens!) – ich habe verändert – wir haben befestigt **b)** ich hatte geleugnet – du hattest nicht gewollt – sie kannten (Perfektopräsens!) – er / sie hatte genannt – wir hatten vernachlässigt – ihr hattet geheiratet **c)** ich wäre verhasst gewesen – du hättest angeboten – sie wären entstanden – er / sie wäre begegnet – ihr würdet hassen (Perfektopräsens!) **d)** sie haben beschlossen – ich bin stehen geblieben – du hast um Rat gefragt – wir sind gewohnt (Perfektopräsens!) – ihr seid nachgefolgt

❹ a) Sage mir, wie dies geschehen kann? **b)** Du bist würdig, gelobt zu werden, da du ja alles gut gemacht hast. **c)** Es gibt niemand, der dies behauptet. **d)** Aber es gibt Leute, die dies leugnen.

❺ 1 – 5 – 3 – 6 – 2 – 8 – 7 – 4

❻ a) cognoveram **b)** cognoveritis **c)** odissem **d)** cognoverunt **e)** oderis **f)** oderimus **g)** cognovissent **h)** odi **i)** cognoveris **j)** oderatis

❼ a) Dieser Lehrer, der die Schüler quält, ist vielen verhasst. (konsekutiv) **b)** Die Schüler fassen einen Plan, weil sie dessen Untaten nicht mehr ertragen. (kausal) **c)** „Wir werden welche schicken, die sich beim Direktor über die Ungerechtigkeiten des Lehrers beklagen sollen (um sich ... zu beklagen). (final) **d)** Aber für diese Gesandtschaft werden wir solche (die) auswählen, deren Ansehen sehr groß ist. (konsekutiv) **e)** (Nur) wenige nämlich sind würdig, vom Direktor angehört zu werden." (final) **f)** Der Direktor ist aber keiner (nicht der), der die Worte der Schüler nicht anhört. (konsekutiv) **g)** Deshalb verfasst er einen Brief, mit dem dieser Lehrer zur Vernunft gerufen wird (um diesen ... zu rufen). (final)

❽ Aufgabe 1: a) Sachfeld „denken": meminisse – quaerere – ratio – cognoscere – novisse – cogitare – intellegere – ingenium – **Sachfeld „sprechen":** respondere – oratio – explicare – loqui – sermo – appellare – **Sachfeld „handeln":** operatio – agere – efficere **b) Perfektopräsentien:** meminerimus – consuevi – noverit – oderit **c) konjunktivische Relativsätze:** inveniuntur, qui quaerant (Z. 2) – Tria sunt, quibus ... differant (Z. 3) – lux divina, qua ille ... cognoscat (Z. 5 f.) – orationem ..., qua ... explicet (Z. 7) – ea, quae intellegat et loquatur (Z. 8) – Nemo est, qui ... careat (Z. 9) – dignus, qui ... appelletur (Z. 10 f.)

d) Übersetzung Lasst uns bei der Unterweisung von Kindern immer an Folgendes denken: Alle Kinder – sei es dass sie Kinder reicher oder armer Menschen sind – sind Abbilder und Bildnisse Gottes. Doch einige (Leute) findet man, die fragen, was dies bedeutet. Ihnen bin ich gewohnt zu antworten / antworte ich gewöhnlich: Drei Dinge sind es, durch die sich die Menschen von den übrigen Lebewesen unterscheiden: die **Vernunft**, die **Rede(gabe)** und die **Arbeitsfähigkeit**. ■ Die **Vernunft** ist das göttliche Licht im Menschen, durch die jener alle Dinge (zusammen) – sei es im Innern seiner selbst, sei es außerhalb seiner selbst – erkennt. ■ Die **Redegabe** hat der Mensch, damit er mit ihr die Dinge, die er weiß und denkt, klar ausdrückt. ■ Die **Arbeitsfähigkeit** schließlich ist die Macht, das zu tun und zu bewirken, was er versteht und sagt. Einem jeden von uns also sind Verstand, Sprache und Hände gegeben. Es gibt niemand, der diese Dinge nicht hat. Wer aber den Nutzen der Vernunft oder der Redegabe oder der Arbeitsfähigkeit hasst, der wird nicht würdig sein, Mensch genannt zu werden (dass er ... genannt wird).

Aufgabe 2: Michelangelo gestaltete Adam bewusst athletisch. Adams Schönheit greift die alttestamentliche Aussage von der menschlichen Ebenbildlichkeit Gottes auf. Die Szene zeigt Adam unmittelbar vor der Beseelung bzw. vor Übertragung des Lebenshauches, was auch als Begabung mit Verstand, Lebensenergie angesehen werden kann. Damit bekommt der Mensch seine Würde direkt von Gott.

Lektion 102

❶ Passiv: conficere: fertig machen, beenden – augere: vergrößern, vermehren – gerere: ausführen, führen, tragen – consuescere: sich daran gewöhnen – solvere: lösen, auflösen, bezahlen | **Deponens:** aggredi: angreifen, herangehen – confiteri: (ein)gestehen – sequi: folgen – suspicari: vermuten | **Semideponens:** confidere: vertrauen – audere: wagen – gaudere: sich freuen – solere: gewohnt sein, gewöhnlich etw. tun – reverti: zurückkehren

❷ a) solo zu solus – **soleo** zu solere – **soles** zu sol bzw. solere – **soli** zu solus bzw. zu sol – **solem** zu sol – **solutus** zu solvere – **solitus** zu solere – **solum** zu solus bzw. sol (Gen. Pl.) – **solorum** zu solus – **b) auctus est:** er ist vergrößert worden – **auditus est:** er ist gehört worden – **ausus est:** er hat gewagt – **augebam:** ich vergrößerte – **audiebam:** ich hörte – **audebam:** ich wagte – **conficiunt:** sie beenden – **confidunt:** sie vertrauen – **coniciunt:** sie vermuten – **condiderunt:** sie haben gegründet – **conare:** versuche

❸ a) reperire, reperio, repperi, repertum: (wieder)finden **b)** fingere, fingo, finxi, fictum: gestalten, sich (etw.) ausdenken **c)** perspicere, perspicio, perspexi, perspectum: durchschauen, genau betrachten, sehen, erkennen

❹ Nur bei grave liegt kein Adverb vor.

❺ Perspektive (Blickwinkel) von perspicere: durchschauen genau betrachten, sehen erkennen – **Perpetuum mobile** („das sich ständig Bewegende": physikalisch unmögliche Maschine, die ohne Energieverbrauch ständig in Bewegung ist) von perpetuus, a, um: dauerhaft, ewig – **Science-Fiction-Roman** („erfundene Wissenschaft": fantastischer Roman) von fingere, fingo, finxi, fictum: gestalten, sich (etw.) ausdenken

❻ a) gaudeo **b)** gavisi sumus **c)** gaudebat **d)** gavisa esset **e)** solet **f)** solebat **g)** solitus, a est **h)** soliti, ae erant **i)** confidebam **j)** confisus sum **k)** confidemus **l)** confisi essent **m)** revertor **n)** revertisti **o)** reverterant **p)** revertentur

❼ a) Konj. Impf. / Ind. Perf.: Ich freilich würde nicht wagen, was Kopernikus wagte. **b)** Inf. Perf.: Ihr wisst, dass er Folgendes zu behaupten wagte: **c)** Ind. Präs.: „Ich wage es, mit Nachdruck zu behaupten (zu bekräftigen), dass die Erde weder mitten im All sich befindet (steht) noch eine ruhende Position innehat (ruht)." **d)** Konj. Plusqpf.: Wenn dieser (Kerl) es doch nicht gewagt hätte, dies zu sagen! **e)** Konj. Präs.: Ich nämlich möchte es nicht wagen, über die Folgen nachzudenken."

❽ In der rechten Spalte wird das Verb, von dem in der linken Spalte jeweils ein AcI abhängt (z. B. putant), in das Passiv (→ putatur) gesetzt. Das bisherige Subjekt (z. B. alii) fällt dabei weg. Was in der linken Spalte das AcI-Subjekt (z. B. Copernicum) ist, wird in der rechten Spalte in den Nominativ gesetzt und damit (neues) Subjekt des Satzes (z. B. Copernicus).
a) AcI: Die einen meinen, dass Kopernikus der Erste gewesen ist, der die Sonne in die Mitte des Alls stellte. → **NcI**: Man glaubt, dass Kopernikus der Erste gewesen ist, der die Sonne in die Mitte des Alls stellte. **b) AcI**: Andere aber sagen, dass schon ein gewisser Grieche dasselbe bekräftigt habe. → **NcI**: Aber schon ein gewisser Grieche soll dasselbe bekräftigt haben (Es wird gesagt, dass schon ... hat). **c) AcI**: Die Schriftsteller überliefern, dass die Meinung des Kopernikus von vielen kritisiert worden ist. → **NcI**: Man überliefert, dass die Meinung des Kopernikus von vielen kritisiert worden ist.

❾ Aufgabe 1: ausus esset (Z. 1) – solitus est (Z. 2) – solent (Z. 6) – confidite, confisi sunt, ne confisi sitis (Z. 11) – revertimini (Z. 12)

Übersetzung „Habt ihr gehört, Studienkollegen, was dieser Kopernikus (da), der dümmste Mensch / Kerl, gewagt hat(te) zu behaupten? Er hat gesagt, dass er das Wesen (die Natur) des Alls erkannt habe. Denn nicht unsere Erde – wie dieser (Kerl) zu bekräftigen gewohnt war –, sondern die Sonne selbst befindet sich (sitzt) in der Mitte des Alls. Dies soll schon ein gewisser Aristarch behauptet haben. Aber ich frage euch, wie dies möglich sein (geschehen) kann:
Wenn man glaubt, dass die Erde kugelförmig ist, warum fallen (dann) die Menschen, die auf der entgegengesetzten Seite des Erdkreises leben, nicht von der Erde herab? Wenn es wahr wäre, dass die Erde sich mit höchster Geschwindigkeit dreht, würden wir Menschen (doch) nicht nur häufig, sondern ununterbrochen von Winden aufs Heftigste gequält.
Wenn es wahr wäre, dass wir uns zusammen mit der Erde durch das All bewegen, schiene folgende Frage doch nicht verachtenswert: Warum können wir jene Bewegung der Erde nicht fühlen?

Schließlich finden sich auch Stellen in der Heiligen Schrift, in denen nicht eine Bewegung der Erde, sondern (eine) der Sonne bewiesen wird.
Vertraut also diesen Vernunftgründen, denen die Weisen immer vertraut haben. Vertraut nicht jenem, was der (Kerl) sich ausgedacht hat! Kehrt zur Lehre der Vorfahren zurück!"

Aufgabe 2: a) Der Sprecher greift einerseits öfter zu dem verächtlich wirkenden Pronomen iste (Z. 1, 2, 11), andererseits bezeichnet er Kopernikus direkt als homo stultissimus (Z. 1) und seine Argumente als Hirngespinste (quae iste sibi finxit, Z. 11 f.). **b)** In den drei bewusst parallel gebauten Sätzen (Z. 5–9) widerlegt der Sprecher einzelne Behauptungen des Kopernikus, indem er aufzeigt, dass sie zu Konsequenzen führen würden, denen der Augenschein bzw. der gesunde Menschenverstand widerspricht. Dabei sollen die Stilmittel dem Inhalt der Argumente zusätzlich Gewicht verleihen: z. B. Anapher und Trikolon: dreimaliger Satzbeginn mit si bzw. die Alliteration (gleicher Anlaut aufeinanderfolgender Wörter) bei **ve**ntis **ve**hementissime **ve**xaremur.

Aufgabe 3: Giordano Bruno (1548–1600) war ein italienischer Philosoph. Er erweiterte die heliozentrische Hypothese des Kopernikus zur Weltanschauung und wurde damit zum Begründer des modernen Weltbilds. Da er anders als Kopernikus Philosophie und Theologie trennte und mit seiner pantheistischen Weltdeutung den Bruch mit der katholischen Kirche vollzog, wurde er 1600 in Rom als Ketzer verbrannt.

Lektion 103

❶ a) 1 ingredi (betreten, beginnen) – **2** aggredi (herangehen, angreifen) – **3** egredi (hinausgehen, herausgehen, verlassen) – **4** progredi (vorrücken, weitergehen) – **b)** circum-gredi (um etw. herumgehen, umringen, umzingeln) **c)** con-gredi: zusammenkommen, zusammen-stoßen, kämp-fen →←

❷ A von, von ... her → **AC** und, und auch → **AT** aber, dagegen, jedoch → **AB** von, von ... her → **ABI** Geh weg! → **ABIS** du gehst weg → **ABES** du bist abwesend → **ABEO** ich gehe weg → **ABERO** ich werde abwesend sein → **ADERO** ich werde da sein, helfen → **ADEO** ich trete heran; Adv. so sehr → **ADDO** ich füge hinzu → **ADDE** Füg hinzu! → **ADDES** du wirst hinzufügen → **ADES** du bist da, hilfst → **ADIS** du gehst heran → **ADI** Tritt heran! → **AD** zu, bei, nach, an → **A** von, von ... her

❸ a) aestus (Hitze, Flut) aestas (Sommer) aetas (Lebensalter, Zeit, Zeitalter) aeternus (ewig) aequus (eben, gleich, gerecht, gnädig) aequor (Ebene, Fläche, Meer) aes (Erz, Geld) aer (Luft) – **b)** 1C – 2B – 3F – 4A – 5E – 6D

❹ Viele Menschen loben Kopernikus, ... **a)** weil er sie Wahres gelehrt hat. (Indikativ → objektive Tatsache) **b)** weil er sie (ihrer

Meinung nach) Wahres gelehrt hat / habe. (Meinung des Subjekts → Konjunktiv der inneren Abhängigkeit)
Viele Menschen haben Kopernikus gelobt, ... **c)** weil er sie Wahres gelehrt hatte. **d)** weil er sie (ihrer Meinung nach) Wahres gelehrt habe.
Andere machen ihm zum Vorwurf, ... **e)** dass dieser (Kerl) der Heiligen Schrift zu wenig vertraut hat. **f)** dass dieser (Kerl) (ihrer Meinung nach) der Heiligen Schrift zu wenig vertraut hat / habe.

❺ a) Dumme Menschen kritisieren oft das, was nicht getadelt werden kann. (Indikativ → objektive Tatsache) **b)** Oft geschieht es, dass dumme Menschen das tadeln, was nicht getadelt werden kann. (Modusangleichung von possit an reprehendant; Konjunktiv im Konsekutivsatz) **c)** Wer weiß nicht, dass dumme Menschen oft das tadeln, was nicht getadelt werden kann? (infinitivische Abhängigkeit) **d)** Du sagst immer das, was du (wirklich!) denkst. **e)** Du wärst ein Philosoph geblieben, wenn du das verschwiegen hättest, was du gedacht hast. (Modusangleichung von sensisses an das irreale tacuisses) **f)** Ich frage dich, warum du immer das sagen musst, was du denkst. (Modusangleichung von sentias an dicenda sint; Konjunktiv in einer indirekten Frage)

❻ a) Wen gibt es, der nicht versteht, dass die Meinung, die Kopernikus vertreten (gelehrt) hat, wahr ist. (konjunktivische Abhängigkeit; denkbar auch infinitivische Abhängigkeit) **b)** Es ist notwendig, dass der, der den Himmel betrachtet, die Meinung des Kopernikus für gut befindet. (infinitivische Abhängigkeit) **c)** Ich kritisiere Kopernikus nur dafür, dass er (meiner Meinung nach) lange gezögert hat, seine Ansicht (Meinung) schriftlich niederzulegen. (innere Abhängigkeit) **d)** Alle hätten die Meinung des Kopernikus für gut befunden, wenn sie sorgfältig gelesen hätten, was jener geschrieben hat / hatte. (konjunktivische Abhängigkeit)

❼ Anatomische Begriffe: organum – cor – sanguis – corpus – caput → allgemeine Aussagen zu Körper und Organen | basis cordis – medio in pectore – in sinistram pectoris partem → Lage des Herzens | caro, e qua cor constet – musculus – ventriculus – varia vasa → Beschaffenheit des Herzens

Übersetzung Ich meine, dass von allen Organen, die geschaffen wurden, um unsere verbrauchten Kräfte wieder herzustellen, das Herz das erhabenste (oberste) Organ ist. Denn im Herzen wird gewöhnlich die Hitze des Blutes wieder hergestellt. Durch das Blut aber wird der ganze Körper ernährt. Wer also könnte den Worten derer glauben, die den Kopf „Sitz der Seele" nennen? Das Herz ist ganz und gar (völlig) so gestaltet, dass seine Form einem Pinienzapfen, der (ein wenig) zusammengedrückt ist, gleich zu sein scheint. Die Basis des Herzens ist zwar mitten in der Brust angesiedelt (aufgestellt), seine Spitze aber neigt (wendet) sich zur linken Brustseite. Ich habe erkannt, dass das Fleisch, aus dem das Herz besteht, so (sehr) hart ist, dass es über die Beschaffenheit von (gewöhnlichen) Muskeln hinausgeht (die Beschaffenheit ... übertrifft). Weiter (Dann) besitzt das Herz zwei Herzkammern, die sich voneinander unterscheiden. Man sieht, dass die eine Herzkammer – das ist die rechte (Herzkammer) – mit einer dünneren Wand ausgestattet ist als die andere (linke). Schließlich muss ich noch sagen, dass das Herz mit verschiedenen Gefäßen ausgestattet ist, durch die – wie man glaubt – das Blut austreten (hinausgehen) und zurückkehren kann.

Aufgabe 2: Die Wand der linken Herzkammer ist deshalb muskulöser, weil von ihr aus das Blut in den großen Blutkreislauf gepumpt wird. Wegen der Größe des Kreislaufs bzw. wegen der Größe des Widerstandes muss hier stärker gepumpt werden als bei der rechten Herzkammer, die den kleinen Blutkreislauf mit Blut versorgt.

Selbsttest zu den Lektionen 98–103

❶ Hortativ: petamus, repetamus – **Deliberativ**: faciamus, arcessamus, rogemus (je 1 BE) – **a)** Tullius: „Lasst uns (Wir wollen) den Richter aufsuchen und (lasst uns) unser Geld zurückverlangen!" **b)** Quintus: „Aber was wird der Richter tun? Vielleicht wird er feindselig sein, vielleicht wird er zornig sein, vielleicht wird er uns selbst verurteilen." **c)** Tullius: „Was sollen wir sonst (anderes) machen? Wenn du mir das doch sagen könntest!" **d)** Quintus: „Ich weiß nicht, was wir tun (sollen). Sollen wir irgendwelche Zeugen herbeiholen oder (sollen wir) einen Rechtsgelehrten bitten, dass er unser Recht durchsetzt?"

❷ a, b, d, e, g (je 1 BE)

❸ b) cuius (Verschränkung mit AcI) **c)** quem (Verschränkung mit doppeltem Akkusativ) (je 1 ½ BE) – Übersetzung: **a)** Ich werde dir bald den Lohn geben. Nachdem du diesen erhalten hast, magst (kannst) du dir kaufen, was du willst (wollen wirst). **b)** Dieser „Freund", dessen Namen du – wie ich weiß – schon gehört hast, hat mich getäuscht. **c)** Diesen „Freund", den ich immer für treu gehalten habe, werde ich nicht mehr aufsuchen.

❹ 1E – 2C – 3G – 4H – 5A – 6B – 7F – 8D (je ½ BE)

❺ a) dicitur: Es wird gesagt, dass sich die Sonne mit höchster Geschwindigkeit bewegt (Die Sonne soll sich ... bewegen.) **b) videbatur**: Vielen Menschen schien es, dass die Erde in der Mitte der Welt ruhe. (je 2 BE)

❻ a) Vier Schüler sind gefunden worden, die diese Arbeit auf sich nahmen. (2 BE; je Fehler 1 BE Abzug) konsekutiv (1 BE) **b)** Der Lehrer hat mich immer gelobt, weil ich gelernt hatte. (2 BE; je Fehler 1 BE Abzug) kausal (1 BE) **c)** Die Natur gab den Menschen die Vernunft, damit sie durch diese beim Handeln gelenkt werden. (2 BE; je Fehler 1 BE Abzug) final (1 BE)

❼ a) sie sind zuversichtlich → confisi, ae sunt **b)** du bist gewohnt → soles **c)** du bist zurückgekehrt → reverteris **d)** sie würden sich freuen → gavisi, ae essent (je ½ BE)

8 a) innere Abhängigkeit: Die Schüler dankten dem Lehrer, weil er sie (ihrer Meinung nach) gut unterrichtet hatte. b) infinitivische Abhängigkeit: Die Lehrer haben den Brauch, die zu loben, die gut gelernt haben. c) konjunktivische Abhängigkeit: Bisher ist keiner gefunden worden, dem das genug gewesen wäre, was er hatte. (je 2 BE)

Lektion 104

1 **Subjunktionen:** 2 nachdem 3 während 4 weil 7 obwohl 9 dass, damit 10 wenn nicht 11 wenn, falls 15 als, nachdem, weil, obwohl; während 17 obwohl 21 damit nicht, dass nicht 27 weil; dass 28 auch wenn, obwohl 29 weil ja, da ja

Konjunktionen: 1 oder 5 oder 6 auch, sogar 8 aber, sondern 12 aber, andererseits 13 dennoch 14 oder 16 und 18 und nicht, auch nicht 19 auch 20 manchmal … manchmal 22 oder 23 dann, darauf 24 entweder .. oder 25 sowohl … als auch 26 und, und auch 30 da, dann, darauf, damals

2 a) „(Quamquam multa quaerere audeo), numquam ausus sum quaerere, (utrum totus mundus finem habeat an non). Obwohl ich viel(es) zu fragen wage, habe ich es niemals gewagt zu fragen, ob das ganze All ein Ende (eine Grenze) hat oder nicht. ■ b) Nam philosophis ea permittere solitus sum, (quae ceteri homines ratione confisi cognoscere non possunt). Denn ich bin es gewohnt gewesen, das den Philosophen zu überlassen, was die übrigen Menschen im Vertrauen auf die Vernunft nicht erkennen können. ■ c) Quomodo igitur terra minima quiescere potest, (cum infinitus mundus circum illam minimam vertatur)? Wie also kann die klitzekleine Erde ruhen, während sich das unbegrenzte All um jene klitzekleine (Erde) dreht / drehen sollte? ■ d) Sed eis, (qui in nave sunt), cuncta, (quae extra navem sunt), moveri videntur, (cum ipsi se quiescere putent)." Aber denjenigen, die sich auf einem Schiff befinden, scheint sich alles, was außerhalb des Schiffs ist, zu bewegen, während sie selbst zu ruhen glauben.

3 **Aufgabe 1:**
a) **Sachfeld „Zeit":** aetates superiores (Satz 1) – pristina tempora (Satz 2) – omnes dies, omnes noctes (Satz 5) – anni (Satz 6) – aeternitas (Satz 9)

b) **Satzmuster: Muster A:** HS + NS: Satz 2 – **Muster B:** NS + HS: Satz 1 und 3 – **Muster C:** HS + NS + NS: Satz 5 – **Muster D:** NS + HS + NS: Satz 7 und 8 – **Muster E:** HS + NS + HS: Satz 9

c) **Satzwertige Konstruktionen:** Satz 3: **AcI** mit prädikativem Gerundiv: … eos ut parentes colendos esse censebis. – Satz 5: **AcI** und PC: … qui dubitet nos ad pristinos venientes multo meliores fieri …

d) **Übersetzung** 1. Wenn wir nicht die undankbarsten (Menschen) sind, (dann) sind jene (berühmten) Schriftsteller der früheren Zeitalter für uns geboren, haben sie uns das Leben gestaltet (eingerichtet). 2. Niemand außer den Schriftstellern früherer Zeiten führt uns zu den schönsten Erkenntnissen (Dingen), die sie selbst aus der Dunkelheit ans Licht hervorgebracht haben. 3. Je sorgfältiger du ihre Bücher liest, desto eher (mehr) wirst du der Ansicht sein, dass sie wie Eltern zu ehren sind. 4. Es ist möglich, sich mit Platon und Aristoteles zu unterhalten, mit Epikur zur Ruhe zu kommen, zusammen mit (den) Philosophen über die Natur des Menschen bald zu siegen bald darüber hinauszugehen. 5. Wen gibt es, der bezweifelt, dass wir, wenn wir zu den früheren (Schriftstellern / Philosophen) kommen, viel besser (viel bessere Menschen) werden, besonders da wir jeden Tag, jede Nacht jene treffen können? 6. Niemand von diesen (Philosophen) vergeudet unsere Jahre, sondern schenkt uns seine Jahre (dazu). 7. Wer sich auf ihre Kräfte und Anstrengungen stützt, wird erhalten, was immer er will. 8. Wer ihnen nachfolgt, wird (immer Menschen) haben, mit denen er sich über die unwichtigsten (kleinsten) und wichtigsten (größten) Dinge unterhalten kann. 9. Diese (Philosophen) werden uns einen Weg zur Ewigkeit geben und sie heben uns zu jenem Ort empor, von dem niemand (mehr) herabgeworfen wird.

Aufgabe 2: Platon (links) und Aristoteles (rechts)